»MAESTRO ...
DAS HIER IST DIE TÜRKEI!«

»MAESTRO ...
BURASI TÜRKIYE!«

MARKUS BAISCH

»MAESTRO ...
DAS HIER IST DIE TÜRKEI!«

»MAESTRO ...
BURASI TÜRKIYE!«

Ein
deutscher Dirigent
als Gastarbeiter
in der Türkei

FSC
www.fsc.org
MIX
Papier aus ver-
antwortungsvollen
Quellen
Paper from
responsible sources
FSC® C105338

Deutsche Erstausgabe als Printbuch
© 2017 Markus Baisch
c/o Wuppertaler Bühnen
Kurt-Drees-Straße 4
D-42283 Wuppertal

Herstellung und Verlag:
BoD – Books on Demand, Norderstedt
Umschlaggestaltung: Lektor-hoch-drei
Korrektorat, Lektorat, Satz & Layout: Lektor-hoch-drei
www.lektor-hoch-drei.de

ISBN: 9783746081663

Die Deutsche Nationalbibliothek verzeichnet diese Publikation in der
Deutschen Nationalbibliografie; detaillierte bibliografische Daten sind
im Internet über http://dnb.dnb.de abrufbar.

Inhaltsverzeichnis

Auftakt

Istanbul, im Juli 2017: große, prall gefüllte Plätze, ins Rot ungezählter türkischer Fahnen getüncht – Zehntausende Menschen versammeln sich, voll patriotischem Elan und Kampfeswillen. Doch die Bilder gleichen sich nur scheinbar: Kämpfen die einen für *adalet,* für Gerechtigkeit, also gegen die Inhaftierungswelle, die seit einem Jahr das Land wie ein Tsunami überrollt, so fordern die anderen eine Woche später – anlässlich des ersten Jahrestages der Niederschlagung des Putschversuches – ein noch härteres Durchgreifen der Behörden, ja die Todesstrafe für Putschisten.

Vieles von dem, was ich vor Jahren in meinen Rundmails beschrieben und dann zu dem vorliegenden Buch zusammengefasst und ergänzt habe, scheint sich grausam bewahrheitet zu haben. Dass es aber so schnell so schlimm kommen würde, das hätte ich nicht vermutet.

Nie standen sich Regierungsgegner und Erdoğan-Anhänger unerbittlicher gegenüber, nie schien eine Versöhnung, ein gemeinsamer Weg, unmöglicher als jetzt, da ein Großteil meiner türkischen Freunde in Resignation und Depression zu verfallen droht und Angst ein omnipräsenter Bruder im Alltag geworden ist.

Sicher sind Ohnmacht und Trauer ein Grund dafür, dass die Fertigstellung dieses Buches sich ein wenig in die Länge gezogen hat. Aber gerade in Zeiten wie diesen, in denen das Bild der Türkei sich in Deutschland augenscheinlich nur noch auf Erdoğan, Gülen, inhaftierte Journalisten und Präsidialherrschaft reduziert, erscheint es mir wichtiger denn je, den Blick zu weiten. Vielleicht kann dieses Buch einen bescheidenen Beitrag dazu leisten, ein zurzeit doch recht eintöniges, negativ geprägtes Bild der Türkei zu variieren und zu bereichern: um die bunte Farbpalette eines eben auch wunderschönen, herrlichen Landes und seiner wunderbaren Menschen oder – um in der Sprache des Musikers zu bleiben – statt nur simple Dissonanzen auch jene komplexe, reich verzierte und harmonisch farbenreiche Sinfonie zum Klingen zu bringen, die ich in diesen sechs Jahren erleben durfte!

Markus Baisch

Vorspiel zum ersten Akt, Sommer 2005

Sinemoretz ist ein kleines, quirliges, von Gegensätzen nur so strotzendes Urlaubsörtchen ganz im Süden Bulgariens. Nur wenige Kilometer von der türkischen Grenze entfernt gelegen, begegnen sich hier auf kleinstem Raum Pauschaltourismus und Roma-Clans, einfache Dorfbevölkerung und die snobistische Mafia aus Sofia – Jahrhunderte scheinen sich hier verblüfft ins Gesicht zu blicken. Hier kann es vorkommen, dass ein mit Wassermelonen und Roma vollbeladener Eselskarren einer Luxuslimousine mit verdunkelten Fensterscheiben begegnet und dann einem Trupp mit Stöcken bewaffneter deutscher Touristinnen um die 50 Platz machen muss, der das Animationsprogramm des Neckermann-Hotels dazu nutzt, sich wie eine außerirdisch-groteske, übergewichtige Kompanie „nordic walkened" durch den ungläubig staunenden Ort zu hecheln.

Ich habe diesen Flecken im äußersten Süden Bulgariens gerade wegen seiner verrückten Widersprüchlichkeiten stets geliebt und jahrelang einen Teil meines Urlaubs dort verbracht. Auf einem kleinen Felsvorsprung liegt meine Lieblingsbar. Man hat nach allen Seiten hin einen herrlichen Blick aufs Meer und wird nach einem bis zum Rand mit Sonne und Meer gesättigten Tag vom kühlen Abendwind und relaxter südamerikanischer Musik sanft angehaucht. Hier stehe ich, wie jeden Abend mein Sonnenuntergangsbier und die Stimmung genießend, und ich höre mich zu einer Freundin sagen: „Eigentlich will ich gar nicht zurück nach Deutschland, am liebsten würde ich hier irgendwo Arbeit finden."

Früher war ich stets ein recht rational denkender Mensch, der nicht viel von Vorsehung und Ähnlichem hielt. Doch das hat sich in den Jahren meines Türkeiaufenthalts etwas verändert, und ich bin durchaus oft überrascht, wie viel Wahres schon in meinem Kaffeesatz gefunden wurde, wenngleich ich mir bestimmt auch die spielerische Lockerheit der Türken im Umgang mit diesen Dingen angeeignet habe. Man nimmt das zwar selten zu 100 Prozent ernst, trinkt aber fast nie einen Kaffee, ohne danach sein Schicksal in den Mustern der Kaffeekrümel suchen zu lassen. Dabei gerät man oft mit Menschen, die man gar nicht gut kennt, in ein sehr persönliches Gespräch, ohne jemals die spielerische Ebene ganz zu verlassen. Und irgendwie ist ja auch die Vorstellung, dass nicht alles im Lebenslauf nur Zufall ist, sehr verlockend.

Nun – wie auch immer –, als ich nur wenige Wochen nach diesem Bulgarien-Urlaub in Meiningen einen Anruf mit der mir völlig fremden Vorwahl „0090" erhielt, dachte ich zunächst, dass mir wohl eine Hotline eine Versicherung oder die Teilnahme an einem Gewinnspiel aufschwatzen wolle. Ich war dann ziemlich überrascht, die Stimme eines italienischen Kollegen zu hören, der meinte, er sei nun als Generalmusikdirektor in Istanbul und bräuchte mich dort, ob ich nicht Lust hätte, an der Türkischen Staatsoper in Istanbul – also nur wenige hundert Kilometer von unserer Bar in Sinemoretz entfernt – zu arbeiten. Mein Wunsch war also völlig unerwartet in Erfüllung gegangen! Verlockend war das Angebot auf alle Fälle, fühlte ich mich doch mit Mitte dreißig noch jung und ungebunden genug, um mich auf solch ein Abenteuer einzulassen.

Kapitel 1

Haben Mütter wirklich immer recht?

„Schnuppertage" in Istanbul

Als ich meinen Eltern von dem Angebot aus Istanbul und meinem Vorhaben erzählte, für ein paar Tage zu Gesprächen mit der Opernleitung dorthin zu fliegen, war ich von ihrer Reaktion ziemlich überrascht. Meine Eltern sind nicht nur hinsichtlich ihrer wachen und vorurteilsfreien Einstellung und Weltoffenheit meiner Einschätzung nach ein Sonderfall für ihre Generation. Sie sind andererseits jedoch auch sehr gewissenhafte Zeitungsleser, und so stellte sich mir schon am Anfang meines Türkei-Abenteuers die Frage, welches Bild von der Türkei die Medien in Deutschland – ob bewusst oder unbewusst – vermitteln. Und tatsächlich ist es vielleicht nicht sehr verwunderlich, dass nur wenige Jahre nach dem Al-Kaida-Bombenanschlag auf die Britische Botschaft in Istanbul (deren Knall offenbar noch bis zur Oper am *Taksim*[1] zu

---

[1] Zentraler Platz und Verkehrsknotenpunkt im europäischen Teil Istanbuls

13

spüren war) und nach immer wiederkehrenden Berichten über Anschläge der PKK vor allem bei meiner Mutter das Bild einer vom Bombenterror schwer geschüttelten Stadt und die Sorge um ihren Sohn im Vordergrund standen. Auch mein Einwand, dass Madrid oder London in diesen Zeiten wohl kaum sicherer seien als Istanbul, konnte diese Besorgnis wenig abmildern.

Als ich dann wenig später in meinem Hotelzimmer im siebten Stock auf das abendliche Gewusel des *Taksim*-Platzes sehe, sind diese Gedanken gänzlich der Faszination für diese riesige Metropole gewichen. Hinter mir liegt ein längeres Gespräch mit dem Intendanten, der – als wolle er mich auf türkische Gepflogenheiten und den ausgeprägten Hang zur Hierarchie gleich zu Beginn vorbereiten – eine halbe Stunde verspätet erschien. Die Erklärung, dass er „auf der anderen Seite" wohne, und die Klage über den Verkehr in der Stadt sollten für mich zum ständigen Begleiter in den nächsten Jahren werden. Was dem Engländer wohl die ständige Thematisierung des schlechten Wetters, das ist dem Istanbuler das Lamento über den Verkehr. Ich wurde schließlich in sein überdimensioniertes Büro gebeten und durfte in einem der tiefen Sessel vor dem monströsen Schreibtisch des Hausherrn Platz nehmen.

Das Gespräch mit dem Intendanten und der Chefregisseurin, die fließend Deutsch sprach und für mich und den italienischen Generalmusikdirektor übersetzte, verlief überaus freundlich, aber auch etwas verwirrend. Auf die Frage, wie groß das Orchester, wie groß der Chor und schließlich wie viele Solisten im Ensemble seien, bekam ich eine Gegenfrage gestellt: „Meinen Sie brutto oder netto?" Als ich sie etwas verständnislos anschaute, erklärte sie, dass 97 (!) Solistinnen und Solisten unter Vertrag seien, davon aber nur etwa 25 regelmäßig auf der Bühne stünden und die anderen zwar ihr monatliches Gehalt bezögen, aber zum Teil schon seit Jahren nicht mehr auftreten würden. Auch mein zu erwartender Verdienst überraschte mich nicht nur wegen der überschaubaren Höhe, sondern auch deshalb, weil er in der Türkei nicht verhandelbar ist, da Ankara die Gagen für alle Mitarbeiter vorgibt.

Ich stehe also wenig später an meinem Hotelfenster, schaue den Möwen in der Abenddämmerung auf ihrem ruhelosen Flug über Istanbuls Gassen nach, lasse die geführten Gespräche und meine widersprüchlichen Gefühle in meinem Kopf kreisen – und höre plötzlich einen lauten Knall! Ich meine sogar, Rauch aufsteigen zu sehen, bin mir aber nicht sicher. Mein Gott – Mutter hatte recht: tatsächlich ein Bombenattentat!

Ich schalte den Fernseher an und spähe vorsichtig hinaus auf die Gassen; doch dort erkenne ich keine Anzeichen von Panik, kein Martinshorn, keine Schreie von Verletzten. Aber ich habe es mir doch nicht eingebildet: Da war ein weithin hörbarer, wuchtiger Knall gewesen!

Am nächsten Tag lädt mich mein Kollege zu einer kleinen Bosporus-Fahrt ein, die zwei Englisch sprechende Sängerinnen von der Oper extra für uns organisiert haben. Hier kann ich mich endlich nach der gestrigen Explosion, nach der Anzahl möglicher Opfer, nach politischen Konsequenzen etc. erkundigen. Doch unsere Begleiterinnen wissen gar nichts von einem Attentat. Ich versichere ihnen, dass ungefähr bei Sonnenuntergang ein mächtiger Knall zu hören war. Die beiden vergessen die Höflichkeit und werfen sich weg vor Lachen! Nach ungefähr fünf Minuten des Bangens, ob vielleicht eine der beiden wegen des Lachanfalls vom Schiff fallen könnte, erklären sie mir, dass wir uns im Fastenmonat *ramazan* befinden und das Fastenbrechen, also der genaue Zeitpunkt des Sonnenuntergangs, durch eine abgeschossene Kanone angekündigt wird.

Kapitel 2

„Che gelida manina"[2]
Schnee und Eis als Begrüßungskomitee

An Neujahr 2006 begann offiziell mein Vertrag an der Türkischen Staatsoper Istanbul. Da meine Abschiedsvorstellung in Meiningen am Silvesterabend stattfand und die Istanbuler Oper mir nur für 10 Tage ein Hotelzimmer zur Verfügung stellen konnte, blieb nicht viel Zeit für Wohnungssuche und Umzug.

Ich bat also Ali, einen Freund von Bekannten meiner Eltern und Juwel von einem Menschen, der bald mein erster *dostum* (Freund) in Istanbul werden sollte, für mich ein bisschen in den Zeitungen zu schauen. Ich sagte ihm, ich könne so bis zu 600 Lira (ca. 300 Euro) bezahlen, wäre froh über einen Balkon und bräuchte nicht viel Platz. Schließlich bestand mein ganzes Hab und Gut aus zwei Kleiderkoffern und fünf Kisten CDs, die ich mit meinem treuen, altersschwachen 2er Golf – Baujahr '89 – in zwei

---

[2] „Wie eiskalt ist dies Händchen" (aus der Puccini-Oper „La Bohème")

Tagen über Ungarn, Serbien und Bulgarien nach Istanbul transportiert hatte.

Ali fand recht schnell eine möblierte, nicht allzu teure Wohnung in Opernnähe, und ich war voller Unternehmungslust und Zuversicht, als wir uns zur Besichtigung aufmachten. Hoffnungslos blauäugiger Romantiker, der ich nun mal bin, war ich völlig fasziniert vom orientalischen Flair in der Straße, über die sich vollbehangene Wäscheleinen spannten und in der offenbar nur Frauen mit Kopftuch wohnten, die ihre Einkäufe in an Schnüren befestigten Eimern in die oberen Stockwerke zogen. Ich fand das alles wunderbar exotisch, und auch die Tatsache, dass am Eingang zur Straße ein Panzer vor einer Polizeistation Wache hielt und mein junger, sympathischer Vermieter die Wohnung zur Besichtigung nicht einmal aufgeräumt hatte, konnten meine Euphorie wenig bremsen. Offenbar musste der Bruder des Vermieters plötzlich die Wohnung verlassen haben: Im Bad standen noch Zahnbürste und Rasierer, im Kühlschrank schimmelten Tomaten vor sich hin, und in der Spüle wartete ungewaschenes Geschirr auf den offenbar nur mal kurz aus dem Haus gegangenen Vormieter.

Als ich wenig später eingezogen war, musste ich erst einmal gründlich putzen und die vom Vormieter zurückgelassenen, persönlichen Dinge in Säcke und Kisten packen. Aber es hatte auch Vorteile: In der

Wohnung befanden sich noch ein (leider nicht funktionierender) Fernseher, ein ganzer Stapel DVDs und CDs, Tee, Kaffee etc.

Das größte Problem jedoch war die Heizung, die auf dem Balkon installiert war, Unmengen Gasflaschen (und somit natürlich auch Geld) schluckte und trotzdem nur wenig Wärme in die Wohnung abgab. Ausgerechnet der Januar 2006 war einer der härtesten, schneereichsten Wintermonate in der Geschichte Istanbuls, und ich fror einfach erbärmlich. Ich brachte stundenlang im Café *Litera* mit einer Tasse Filterkaffee oder in der *Baraka*-Kneipe mit einem *Efes*[3] zu, einfach weil es dort warm und die Getränke billig waren. In der sonst so überfüllten und nun fast menschenleeren *İstiklâl Caddesi*[4] wehte ein eiskalter Schneesturm, und die meterhohen Schneemassen mussten durch die Feuerwehr und mit Baggern abtransportiert werden. Für Taxis galt Schneekettenpflicht in ganz Istanbul, die Brücken waren tagelang gesperrt, Schulen und auch die Proben an der Oper fielen aus, kurz und gut: Es herrschte Ausnahmezustand, und ich saß in einer eiskalten Wohnung und gab das wenige verbleibende Geld für eine Heizung aus, die nicht funktionierte!

Irgendwann konnten wir dann trotz des Winters die Proben an der Oper wieder aufnehmen, und ich war

---

[3] Türkische Biermarke
[4] „Straße der Unabhängigkeit"; bekannte, sehr belebte Einkaufsstraße im europäischen Ausgeh-Viertel *Beyoğlu*

hingerissen von der fürsorglichen Hilfsbereitschaft meiner türkischen Kollegen. Als sie mich fragten, wo ich wohnte, und ich „ganz in der Nähe der Oper, exotischer Stadtteil, heißt *Tarlabaşı* oder so ähnlich" antwortete, waren ihre Münder vor Schreck so weit aufgerissen wie sonst nur beim hohen C. Meine romantische Begeisterung fürs Exotische hatte mich offenbar in den gefährlichsten Stadtteil Istanbuls, laut Aussagen meiner Kollegen in einen Slum armer Einwanderer aus Ostanatolien, Transsexueller, Drogenhändler etc. geführt. Ich sah das nicht so dramatisch, wusste ich doch die Polizeiwache und nette Nachbarn in meiner Nähe.

Als ich eines Morgens von dem Geräusch tropfenden und plätschernden Wassers geweckt wurde, begann jedoch ein Abenteuer, das selbst die unendlich scheinende Freundlichkeit meines direkten Nachbarn schwer auf die Probe stellte. Ich rief ihn zu Hilfe, weil ich feststellte, dass wahre Sturzbäche das Treppenhaus hinabrauschten.

Wir gingen zusammen hoch aufs Flachdach und fanden uns bald bis zu den Knien in Schneematsch und Eiswasser wieder, das aus irgendeinem Grund nicht in die Regenrinnen abfließen wollte. Um weiteren Schaden vom Treppenhaus abzuwenden, beschloss ich, die Tür zu schließen, was leider ein fataler Fehler war, weil wir nun gefangen waren und eine halbe Stunde bei Schneeregen im Eiswasser auf Hilfe warten mussten. Ich glaube, mein lieber Nachbar hat nie zuvor das türkische Gebot der Höflichkeit und Gastfreundschaft innerlich so verflucht wie an diesem Tag. Aber bereits tags darauf grüßte er wieder freundlich!

Mein Problem mit der Heizung blieb jedoch bestehen, und ich erkundigte mich bei meinen Kollegen an der Oper, ob jemand sich damit auskenne. Wenige Tage später erklärten sich vier *ağabeys*[5] des Chores bereit, nach meiner Heizung zu schauen und schenkten mir einen Elektro-Ofen. Nach eingehender, fachkundiger Untersuchung der Heizung auf dem Balkon rieten sie mir, ich solle mir so schnell wie möglich eine neue Bleibe suchen. Ob es noch andere Probleme gebe? Ob sie sonst noch etwas für mich tun könnten? Ja, antwortete ich, der Fernseher würde auch nicht funktionieren. Tayfun, ein etwa 55-jähriger, ruhiger, bedächtiger Chor-Bariton, fummelte ein wenig an der Antenne herum und brachte das alte Ding tatsächlich wieder zum Laufen. Um auch den DVD-Player zu testen, nahm er eine der DVDs von dem Stapel, den mir mein Vormieter hinterlassen hatte, und schob sie in den Spieler – er funktionierte und auf dem Bildschirm erschien ein Hardcore-Porno!!! Auf meine Versicherungen, dass das nicht mein Eigentum sei, klopften mir die Chorherren nur auf die Schultern und meinten: „No problem, Maestro!"

---

[5] Wörtlich: ältere Brüder, sinngemäß: ältere Herren

Völlig hingerissen war ich in den kommenden Wochen von der unglaublichen Hilfsbereitschaft meiner neuen Freunde und Kollegen. Ich glaube, es gab kaum einen Menschen an der Oper, der nicht nach einer neuen Wohnung für den „Maestro" Ausschau gehalten hat, und Ali, der völlig zu Unrecht vor Scham über meine erste Wohnung verging (hatte ich mich doch selbst dafür entschieden), zog stundenlang mit mir durch *Beyoğlus* Straßen und Maklerbüros auf der Suche nach einer neuen Bleibe für mich. Schließlich gab mir ein junger Chor-Bass den rettenden Tipp, dass eine Freundin von ihm namens Demet eine sehr große Wohnung in *Elmadağ*[6], im berühmten *Arif Paşa Apartmanı*[7], besitze und früher auch schon ein Zimmer untervermietet hätte; dort könnte ich vielleicht erst einmal bleiben, bis ich etwas Besseres gefunden hätte. Ich stellte mich also Demet vor, die mir als Zwischenlösung ein Zimmer für zwei Wochen anbot.

Aus den zwei Wochen wurden schließlich drei Jahre und die beste, schönste Wohngemeinschaft, die man sich vorstellen kann.

---

[6] Stadtteil in der Nähe der Oper
[7] 1903 errichteter Wohnblock

Kapitel 3

Die Gesänge Istanbuls
oder: Mein Weg zur Arbeit[8]

Meistens wache ich um 6 Uhr zum ersten Mal kurz auf, wenn die Muezzins zum Morgengebet rufen. Das ist zwar immer etwas ärgerlich, wenn man danach nicht gleich wieder einschlafen kann, aber auch wirklich schön. Die Muezzins rufen fünfmal am Tag zum Gebet. Tagsüber klingt das immer gleich, aber morgens ist es ein richtig schöner, langer Gesang. Es beginnt ganz tief, ruhig und leise, so als wollten sie einen ganz vorsichtig aus dem Schlaf holen. Dann werden es immer mehr Stimmen, und am Ende schallt ein ganzer Chor von Muezzins aus dem Tal zu uns herauf.

Ich schlafe dann meistens noch ein paar Runden weiter, wenn mich nicht gerade die tutenden Bosporus-Dampfer, schreiende Möwen oder ein neuer Chor wecken: nämlich der der Straßenverkäufer. Das ist wirklich verrückt: Jeder verkauft seine

---

[8] Auszüge aus einem Brief an meine Patentochter

Sachen mit einer ganz eigenen Art von Melodie und Stimmtechnik. Ich bilde mir ein, allmählich die Gemüseverkäufer von den Altmetallsammlern und *simit*[9]-Verkäufern am Klang unterscheiden zu können, vielleicht sollte ich mal forschen, ob es hier auch so etwas wie „Wetten dass" gibt. Ich wüsste jedenfalls schon mal eine Wett-Idee!

Der Maisverkäufer ruft im schrillen, vom Gestank des Kohlegrills heiser gewordenen Staccato *„bir miliyon, bir miliyon!"*[10], der Busticketverkäufer ein langgezogenes, eher melancholisches *„bilet var!"* („Hier gibt's Tickets!"), die Kellner in den Fischrestaurants versuchen, Touristen mit einem aufdringlich gebellten *„buyrun, buyrun!"* („Bitteschön, bitteschön!") in ihr Lokal zu locken, und ich frage mich immer, wer sich wohl auf diese Weise anwerben lässt, aber offensichtlich scheint die Methode ja zu funktionieren. Und so ist es oft gar nicht so wichtig, was die Verkäufer rufen, als vielmehr wie sie es tun: jeder mit seiner eigenen Melodie, damit man ihn sofort wiedererkennt. Am weitaus besten gefallen mir jedoch die Altwarenhändler, die ihre Holzkarren die steilen Berge hinaufschieben und immer ihren eigenartig quäkenden, an Brunftschreie alternder

---

[9] Leckere Sesamkringel
[10] „Eine Million, eine Million (Lira)!" – Noch Jahre nach der Währungsreform, bei der einfach einige Nullen gestrichen wurden, haben sich in der Umgangssprache die alten Währungsangaben gehalten.

Hirsche erinnernden Ruf „*eskici!*" („Altwarenhändler!") von sich geben. Meist verstehen auch Türken mit guten Ohren keine Silbe, aber dieser nasale Ruf, der an einen Teddybären erinnert, den man umdreht, kündigt in jedem Stadtteil auf dieselbe Art und Weise den Altwarenhändler an. Schon lange denke ich, dass einmal jemand auf die Idee kommen sollte, einen „Istanbul-Rap" zu machen mit den Rufen und Melodien all dieser Straßenverkäufer, Muezzins und sonstiger Stimmakrobaten!

Sollte ich trotz allem doch noch ein wenig Schlaf gefunden haben, so wird er nun nur noch durch das sanfte Klappern der *tavla*-Würfel (Backgammon-Würfel) und Teelöffel aus dem Café unten an der Straße gestört, das ein wunderbares rhythmisches Pattern für meinen Rap abgeben könnte.

Es ist schon ein ganz schön verrücktes, buntes und trotzdem eigentlich nie unfreundliches Durcheinander hier. Wenn ich zur Arbeit gehe, dann kann ich gemütlich durch den *Gezi*-Park[11] schlendern, wo ältere Männer auf den Bänken sitzen und tonnenweise Kürbiskerne essen. Die Schalen landen natürlich auf dem Boden, und so gibt es oft richtige Berge von Kürbis- oder Sonnenblumenkernschalen, durch die man sich seinen Weg bahnen muss. Eine alternative Route führt an einer großen Straße entlang zum Tak-

---

[11] Park in der Nähe der Oper

sim, dem Hauptplatz Istanbuls. Auf dem Weg dorthin halten ungefähr fünf gelbe Taxis an, deren Fahrer hupen und in Kuckucks-Terzen „Taxi, Taxi!" rufen, und ich muss mich immer zurückhalten, um nicht zu antworten: „Interessant, ich wäre jetzt gar nicht auf die Idee gekommen, dass das ein Taxi sein könnte, ich dachte, es wäre ein Postbus."

Ich setze meinen Weg fort und komme an einer Kreuzung vorbei, die wahrscheinlich jeden deutschen Verkehrsplaner in den blanken Wahnsinn treiben würde. Hier treffen Autos aus sechs verschiedenen Richtungen und Dutzende Fußgänger auf einem Platz zusammen, der nicht viel größer als die Wohnung ist, die ich mir nun seit kurzem mit Demet, meiner Vermieterin und Mitbewohnerin, teile. Manchmal herrscht ein solches Durcheinander, dass man als ordnungsliebender Deutscher gerne Zettel und Stifte an alle Verkehrsteilnehmer verteilen möchte, um den komplizierten Knoten zu entwirren. Aber mit Hilfe unzähliger Autohupen (auch die scheinen in Istanbul übrigens lauter als andernorts zu sein) und lautstarkem Gebrüll gelingt es schließlich doch meistens irgendwie, das Knäuel zu entflechten.

Vielleicht ist es genau die Freude an der lautstarken Kommunikation, die dazu geführt hat, dass bisher offensichtlich niemand über eine Änderung der Ampelphasen nachgedacht hat.

Überhaupt fällt im Straßenverkehr zuerst einmal die ausgeprägte Lust am permanenten Hupen auf. Ich denke, ein Rückspiegel ist hier weit weniger wichtig als eine funktionierende Hupe! Oftmals dient sie jedoch weniger – wie in unseren Breiten – als Mittel des Protestes oder Meckerns; sie ist eher eine Art Begrüßungsformel oder das Signal: „Obacht, jetzt komm ich!"

Nachdem ich es irgendwie geschafft habe, die Kreuzung zu überwinden, bahne ich mir meinen Weg weiter durch Scharen von Straßenverkäufern. Ich komme vorbei an mindestens drei Schuhputzern, sechs Regenschirmverkäufern (wenn es regnet) oder Sonnenbrillenverkäufern (wenn die Sonne scheint) oder Handschuhverkäufern (wenn es schneit), zwei Busticketverkäufern, einem blinden Taschentuchverkäufer, zwei *simit*- bzw. Sesamkringel-Verkäufern, Obsthändlern etc. Und: Alle schreien, was das Zeug hält!!! Wenn man sich einmal daran gewöhnt hat, ist es ein wirklich schönes, aufregendes und immer herzliches Chaos. So komme ich jeden Tag mindestens zweimal an einem Kiosk und einer Imbissbude vorbei, und immer grüßen mich die Leute freundlich, weil sie meinen, ich hätte Ähnlichkeit mit Jens Lehmann. Ich freue mich, frage mich nur, womit dieser Herr Lehmann solche Komplimente verdient hat ...

Ich bin immer noch auf dem Weg zur Oper, biege links ab auf den *Taksim,* und das Durcheinander wird noch vermehrt durch unzählige Busse, *dolmuşe* (Sammeltaxis) und Taxis, die wild durcheinander fahren. Ich glaube, es ist einfacher, die Gesetze eines Bienenstocks zu erforschen, als die Verkehrsregeln auf diesem Platz zu verstehen. *Taksim* bedeutet eigentlich: „Verteilung". Hier war schon immer einer der höchstgelegenen Punkte Istanbuls, von dem aus früher das Wasser in die anderen Stadtteile verteilt wurde. Heute werden Millionen von Menschen auf Busse, Metros, Taxis und *dolmuşe* verteilt, was sicherlich ungleich komplizierter ist und deshalb mit einem atonalen Durcheinander von Autohupen und Rufen in unterschiedlichen Melodien einhergeht, aber trotzdem erstaunlich gut funktioniert.

So, mittlerweile bin ich an der Oper angekommen. Man muss immer aufpassen, dass man rechtzeitig losgeht, weil die Begrüßungsrituale an der Oper – so wie überall hier – ziemlich Zeit in Anspruch nehmen: Man begrüßt Menschen, die man schon mal kennengelernt hat, immer mit einem Küsschen rechts und links auf die Wange. Dabei macht es keinen Unterschied, ob es sich um Männlein oder Weiblein handelt, diesbezüglich herrscht hier völlige Gleichberechtigung! Ich finde, es ist eigentlich ein ziemlich schönes Ritual, kann nur auf Partys oder in der Theater-Kantine zu gelegentlichem Muskelkater im Halsbereich führen. Zusätzlich wird man ungefähr hundertmal am Tag gefragt, wie es einem geht, und man antwortet dann immer „Gut, und

Ihnen/dir?". Manchmal wird man auch nach dem Befinden der Mutter, des Vaters oder anderer Familienangehöriger gefragt, und man antwortet stets dasselbe. Ich bin dann oft froh, dass nur wenige Menschen wissen, dass ich vier Geschwister habe, sonst würde ich vielleicht nie zum Arbeiten kommen!

Den Rest des Tages begleitet mich eine ganz andere (und hoffentlich etwas geordnetere) Art von Musik, bis ich mich wieder auf den Heimweg mit Feierabend-Geräuschkulisse begebe.

Kapitel 4

„Maestro, you have to understand!"
Anpassungsschwierigkeiten an ein anderes System im Opernalltag

Es ist 18 Uhr, die „Otello"-Bühnenprobe geht gerade zu Ende, und ich frage die Regisseurin, ob sie den Chor am nächsten Tag auf der Bühne braucht oder ob ich stattdessen eine Chorsaalprobe einschieben könne, da durch das Schneechaos der letzten Wochen viele Proben ausfallen mussten. Sie antwortet, das wäre kein Problem, wir könnten tauschen, und sie würde nur mit den Solisten auf der Bühne proben.

Ich gebe also dem Chor auf Englisch bekannt, dass am nächsten Tag statt der Regieprobe eine Chorsaalprobe – zur selben Zeit also, aber an anderem Ort – stattfinden wird. Im Chor bricht ein heilloses Chaos aus, alle reden durcheinander, und ich verstehe überhaupt nichts – nach wenigen Wochen sind meine Türkischkenntnisse natürlich noch äußerst überschaubar. Ich frage nach, ob es ein Problem gebe, und eine Frau aus dem Alt antwortet mir: „Maestrrro, yoo have to onderrrstand, ve don't want to worrrk!" Ich bin perplex angesichts solch entwaffnender Ehrlichkeit!

Eine andere Dame aus dem Alt kommt einmal nach einer Nachmittagsprobe zu mir und meint, für den nächsten Tag sei Regen angekündigt, und weil der Verkehr auf Istanbuls Straßen an solchen Tagen extrem sei, würde sie wahrscheinlich eine halbe Stunde zu spät kommen. Ich entgegne ihr, dass sie doch eine halbe Stunde früher losfahren könne, wenn sie jetzt schon wisse, dass die Straßen verstopft sein werden. Sie sieht mich verblüfft an – und kommt am nächsten Tag tatsächlich trotz Regens und Verkehrs pünktlich!

Die ersten Wochen in Istanbul waren nicht immer einfach. Ich musste mich nicht nur an eine komplett neue, ganz andersartige Sprache und an ständige Übersetzungspannen gewöhnen, sondern auch an ein völlig anderes Arbeitssystem, an ganz andere Gepflogenheiten anpassen – und die Musiker sich sicherlich auch an mich. Wenn ich manches Mal wegen plötzlicher Intendantenwechsel, fragwürdiger Planung oder Ähnlichem etwas ratlos war, so bekam ich von meinen neuen, netten Kollegen stets denselben Satz zu hören: *„Maestro … burası Türkiye!"*[12] Wir hatten aber auch viel Spaß. Bei einer meiner ersten Chorproben wollte ich stolz meine neuen Tür-

---

[12] Was so viel heißt wie: „Maestro … das hier ist die Türkei!" und einfach als Erklärung für alles herhalten kann.

kischkenntnisse anwenden, verwechselte jedoch leider den Buchstaben „d" mit dem Buchstaben „r" im Wort „*kadınlar*"[13], weshalb ich sinngemäß dem Chor ankündigte: „Und jetzt bitte mal nur die Weiber!" Man verlieh mir den Spitznamen „Maziz", weil ich vor jeder Probe eine Liste der abwesenden Mitglieder erhielt, die in „Kranke" und „Beurlaubte" unterschieden wurden, und ich mich immer fragte, woher dies „*Maz. İz.*"[14] kam, wer es genehmigt hatte.

Gleichzeitig war ich vom ersten Moment an völlig überwältigt von der Herzlichkeit, Hilfsbereitschaft und Wärme der Menschen und von dem Potenzial, das im Orchester, im Chor und im Solistenensemble steckt. Und ich denke nach wie vor, dass nicht die Künstler oder die Mentalität der Grund dafür sind, dass wir in Istanbul und später auch in Samsun leider viel zu oft unter unseren Möglichkeiten blieben, sondern dass dafür ein System verantwortlich ist, das so nicht funktioniert und dringend reformiert werden müsste. Das Interessante ist, dass ich mit dieser Meinung keineswegs alleine stehe. Ich glaube sogar, dass mir eine überwiegende Mehrheit der Beschäftigten beipflichten würde, und ich weiß, dass kaum jemand zufrieden mit den Umständen ist und glücklich seinen Job macht. So gibt es fleißige, gute, engagierte Kollegen in allen Altersgruppen, die sich

---

[13] „Frauen", in dem Fall also Sopran- und Alt-Stimmen
[14] *Mazeret İzinli*, abgekürzt: *Maz. İz* (wörtl.: zum Wegbleiben befugt; beurlaubt)

jedoch irgendwann verschaukelt fühlen, weil sie dasselbe Gehalt bekommen wie Leute, die schon seit Jahren nicht mehr zum Dienst kommen, weil sie sich „auf den Ruhestand" vorbereiten. Offiziell sind über 100 Mitglieder auf der Chorliste vermerkt, davon habe ich höchstens 85 kennengelernt. Im Orchester sieht es nicht viel besser aus. Von den offiziell aufgeführten 97 Solistinnen und Solisten habe ich in den drei Jahren in Istanbul, in denen ich ja alles Mögliche rauf- und runterdirigiert habe („Carmen, Otello, Macbeth, Elektra, Zauberflöte, Don Pasquale"), tatsächlich nur ungefähr 25 auf der Bühne erlebt (was mir die Chefregisseurin bei meinem ersten Gespräch ja bereits angekündigt hatte); mehr als ein Drittel des Ensembles also hat während dieser Zeit bei vollem Gehalt nicht einen Ton von sich gegeben. Es soll Kollegen geben, die zusätzlich zu ihrer Anstellung an der Oper Hotelbesitzer in Bodrum sind und nur für Behördengänge und Bankangelegenheiten den Weg nach Istanbul finden; ein Ballettkollege in Ankara soll angeblich 150 Kilo auf die Waage bringen.

Ein in der Türkei weitverbreitetes Phänomen wird „*torpil*" genannt (eigentlich „Torpedo", hier: „schneller Vorteil"), was man wohl am ehesten mit „Vetternwirtschaft" übersetzen könnte. Das heißt, wer gute Kontakte – am besten verwandtschaftliche – zu Intendanten, wichtigen Leuten in Ankara oder auch nur zu höher gestellten Personen in der Stadt oder in der Opernhierarchie besitzt, hat viel bessere Chancen, die Verbeamtung zu erreichen oder vom Dienst freigestellt zu werden. Der überwiegende Teil der Beschäftigten arbeitet mit „kadro"[15], ist also gewissermaßen verbeamtet – und das oft schon seit dem Examen. Der kleinere Teil arbeitet auf Zeitbasis, verdient ein lausiges Gehalt, das sich aus den abgeleisteten Proben und Vorstellungen errechnet, sodass in den Ferienmonaten überhaupt kein Geld auf die Konten fließt. Diese meist jungen Kollegen sind häufig äußerst engagiert und talentiert, aber auch sehr frustriert, weil sie oft jahrelang dieselbe oder mehr Arbeit leisten als ihre Pultnachbarn oder Stimmkollegen, aber nur einen Bruchteil des Gehalts verdienen.

Nach einigen Wochen in Istanbul habe auch ich mich gefragt, wie andere Menschen mit dem Gehalt, das der türkische Staat bezahlt, in der nicht eben billigen Metropole Istanbul zurechtkommen und musste dann zu meiner Überraschung feststellen, dass türkische Kollegen mit „kadro" automatisch jedes zweite Monatsgehalt doppelt erhalten, so wie man in Deutschland als Bonus ein 13. Gehalt bekommt. Als ich mich daraufhin beim Intendanten darum bemühte, ebenfalls in den Genuss dieser Extrazuwendungen (die ja immerhin 50 % des Gehalts ausmachen) zu kommen, versicherte er mir: Er würde das sehr gerne machen, doch es ginge nicht, weil ich kein Türke sei!

---

[15] Gehört zur (festen) Belegschaft

Dass diese Umstände für mich nicht eben motivierend waren, liegt auf der Hand. Was also war es, was mich trotzdem gerne dort arbeiten ließ? Ich konnte Stimmen hören, die einfach Weltklasse sind, und habe mich oft gefragt, warum man in Europa doch vergleichsweise wenig von türkischen Sängern weiß. Wenn die Mehrzahl der Chormitglieder anwesend ist und singt, dann pustet einen der Chorklang wirklich in die Sitze. Die Orchesterausbildung ist sehr gut, vor allem Holzbläser können es mit internationalem Standard locker aufnehmen. So habe ich zum Beispiel ein hinreißend glühendes Intermezzo in „Manon Lescault" erleben dürfen. Wenn das Orchester ein Stück liebt, dann spielt es mit einer Leidenschaft und Hingabe wie jene Orchester auf alten Aufnahmen. Ich mochte das Potenzial und die Menschen, und ich bekam unglaublich viel zurück an Wertschätzung, Freundschaft und Unterstützung. Verwendete ich ein neues türkisches Wort, dann spendete man mir Applaus, und ständig wurde ich durch Lob ermuntert, weiter Türkisch zu lernen. Als ich meine erste Vorstellung im *AKM*, im *Atatürk Kültür Merkezi* [16], dirigierte, wurde ich mit einem Wohlwollen und einer Kollegialität im Orchestergraben begrüßt, die mich wirklich umgehauen hat.

Ich habe von diesem Orchester gelernt, gelassen zu sein und auch aus misslichen Situationen das Beste

---

[16] Kulturzentrum und Opernhaus am *Taksim*-Platz

zu machen: Während einer Vorstellung der „Zauberflöte" z. B. fiel insgesamt viermal der Strom aus, und auch die Generatoren sprangen so spät an, dass wir lange Minuten in vollkommener Dunkelheit musizieren mussten. Während die eine Hälfte des Orchesters auswendig weiterspielte und ich aus reiner Gewohnheit und Hilflosigkeit in die Dunkelheit hinein dirigierte, kramte die andere Hälfte die Handys heraus und leuchtete damit dem jeweiligen Pultnachbarn. Aus dem Publikum stand ein Herr auf und zielte mit dem Schein seiner kleinen Taschenlampe auf meine Partitur. Das alles geschah so schnell und unaufgeregt, als sei es das Selbstverständlichste der Welt, und auch ich wurde spontan und sang bei einer relativ wichtigen Stelle lauthals die Klarinettenstimme auf die Bühne, weil die Holzbläser offenbar nicht mit genügend Handys ausgestattet waren.

Vor einer anderen Aufführung, es war eine meiner ersten Manon-Lescault-Vorstellungen, kam ich wie üblich eine Stunde vor Beginn ins Opernhaus und wurde gleich hektisch begrüßt: Der Intendant wolle mich dringend sprechen. Ich ging also in sein Zimmer, und er verkündete mir, dass ein großer Teil des Orchestermaterials sich noch in Ankara befinde, die Vorstellung aber gut verkauft sei und unbedingt stattfinden müsse. Ich sehe mich noch im Flur stehen und umziehen, während ich quer durchs ganze Haus rief, welche Partitur-Seiten unbedingt für die Bläser kopiert werden müssten. Sie spielten dann in der Vorstellung tatsächlich daraus, d. h. einer spielte und der andere zeigte mit dem Finger die entsprechende Zeile in der Partitur an und blätterte. Für die Celli hatten wir nur eine Stimme, und so beugten sich fünf Cellisten über ein Pult. Die Schlagzeuger spielten auswendig und irgendwie nach Gefühl. Es war eine „kammermusikalische" Interpretation einer Puccini-Oper, aber alle waren wahnsinnig konzentriert, und die Vorstellung gelang erstaunlich gut.

Wir hatten viele Hürden und Probleme im *AKM*. So bevölkerten etwa Heerscharen von Katzen das Haus und heimsten so manches Mal Szenenapplaus und unfreiwillige Lacherfolge ein, wenn sie – wie bei einer meiner Otello-Vorstellungen – an der äußert intimen, leisen *„Salce, salce, salce"*-Stelle mit der Sopranistin auf der Bühne mitjaulten. Es gab weitere, ärgerlichere Dinge, die uns oft den Nerv geraubt haben: zu kurzfristige Planung, Änderung des Programms wegen plötzlichem Intendantenwechsel und anderes mehr. Aber insgesamt war unsere Arbeit im *AKM* wichtig und richtig. Wir hatten ein bunt gemischtes Publikum – keines, das nur auf elitäre Abendunterhaltung und schicke Garderobe aus ist. Man hatte das Gefühl, dass hier Professor neben Taxifahrer sitzt, und es konnte durchaus passieren, dass bei bekannten Melodien mitgesummt wurde.

Und so waren wir alle entsetzt und aufgebracht, als die ersten Gerüchte auftauchten, die Regierung wolle das *AKM* abreißen und an seiner Stelle ein Einkaufszentrum errichten. Man sagte uns, dass dies geschehen müsse, weil das Gebäude nicht erdbebensicher sei – ein Argument, das sicher nicht von der Hand zu weisen ist. In den letzten Jahren musste das aber viel zu oft als willkommene Ausrede herhalten für die rasend schnelle, oft brutale Gentrifizierung, die durch die Stadt galoppiert wie seinerzeit die einfallenden Horden Fatih Mehmets durch die Gassen des eroberten Konstantinopel. Unsere Vorgesetzten brachten also Gutachter ans Haus, die überall Löcher bohrten, um sie mit Messgeräten wieder zu stopfen, und offenbar zu dem Schluss kamen (so wurde es uns gesagt), dass das *AKM* im Falle eines Erdbebens eines der sichersten Gebäude am *Taksim* sei. Dennoch – im Mai 2008 mussten wir unsere Oper am *Taksim* verlassen, es hieß, man wolle das Gebäude nur restaurieren, und wir könnten nach einem Jahr wieder zurück. Wir mussten nach *Kadıköy* in ein ehemaliges, hübsch restauriertes, aber viel zu kleines Kino umziehen. Proben werden seitdem in *Üsküdar* abgehalten, Kostüme und Kulissen irgendwo am Goldenen Horn untergebracht.[17] Die Oper Istanbul ist also seit Jahren gleichsam zerrissen und verteilt über die halbe Stadt, während am *AKM* offenbar nicht ein Handgriff getan wurde. So steht das Gebäude noch heute als Ruine am *Taksim* und dient gleichermaßen als Symbol dafür, welche kulturpolitischen Ziele die Regierung verfolgt.

---

[17] *Kadıköy* und *Üsküdar* sind Stadtteile im asiatischen Teil Istanbuls.

Kapitel 5

„La Bohème" mitten in Istanbul
Kleine Hommage an das Arif Paşa Apartmanı

Auf einen einfachen Stock gestützt, schleppt sich die alte Dame mühsam in den kühlenden Schatten des Hofes. Ihr von den Jahren schwer gekrümmter Rücken will nicht zu dem stolzen Blick passen, mit dem sie mich mustert. Aus einem von hundert Falten zerfurchten Gesicht funkeln mich warme, selbstbewusste Aristokratenaugen neugierig an. Alles an dieser Frau ist Ausdruck der Anstrengung, trotz der Hitze an diesem Mai-Nachmittag und trotz des hohen Alters Haltung zu wahren, die Eleganz der vergangenen Jahrzehnte nicht den Mühen des Alltags einer Greisin zu opfern. Junge Nachbarn kommen ihr entgegen, küssen ihr ehrfurchtsvoll die Hand und führen diese dann zur Stirn, eine türkische Respektsbezeugung, die man nur noch selten sieht in Istanbul. Ich kehre zu meinen Partituren zurück, die ich in diesen Wochen am liebsten in unserem Hof unter den großen, alten Bäumen studiere.

41

Ich finde heraus, dass jene „Grande Dame" die letzte, über 90-jährige Nachfahrin des Sultans und Autorin mehrerer Atatürk-Biographien ist. Sie schreibt wenig später eine E-Mail an alle Nachbarn im Haus *Arif Paşa* und schlägt vor, am nächsten Sonntag ein gemeinsames Frühstück im Garten zu veranstalten, einfach deshalb, weil sie einige Bewohner des Hauses nicht mehr kenne. Für das Frühstück werden kurzerhand mehrere Tische in den Garten gestellt, jeder bringt etwas zu essen und ein oder zwei Stühle mit. Es wird ein herrlich ausgelassener Vormittag mit all den Künstlern, Schriftstellern, Musikern und Architekten, die in diesem wunderbaren alten Haus mit seinen 36 Wohnungen zu Hause sind.

Vor dem Hauseingang prangt in großen Lettern „Salve" auf dem Bürgersteig. Im Innern erinnert ein alter Fahrstuhl aus Holz und Eisen an herrschaftliche Häuser des gehobenen Bürgertums in Paris, und weit ausladende Treppenhäuser zeugen von der prachtvollen Eleganz vergangener Zeiten. In den meisten Wohnungen konnte man kunstvolle Deckengemälde freilegen, an denen wohl früher funkelnde Kronleuchter hingen und wo heute riesige Ventilatoren die heißen Juliabende erträglich machen. Der ehemalige Dienstbotenaufgang ist längst zugemauert und nun einer der vielen geheimnisvollen Räume und Winkel, die nur noch die zahlreichen Katzen und Tauben im Haus erkunden können. Ein Wirrwarr von Strom- und Telefonkabeln kriecht wie

Tentakel an den Wänden entlang, längst weiß wahrscheinlich selbst der Hausmeister sie nicht mehr zu entwirren. Nachts fängt das uralte Gebäude an zu leben, Katzen in den Treppenhäusern jaulen um die Wette, die Tauben auf dem Dach wollen einen in den Schlaf gurren, und Wasserleitungen gurgeln sich ihren Weg durch das Gemäuer.

Dieses Haus spukt nicht, es lebt! Es atmet des Nachts, bisweilen keucht es unter der Istanbuler Hitze, und sein melancholischer Gesang erzählt vom Glanz vergangener, herrschaftlicher Zeiten. Ich möchte mein Ohr an Deine Wände legen und stundenlang Deinen Geschichten zuhören. Wie viele Deiner Bewohner haben Dir gelauscht, von Dir Inspiration erfahren? Skulpturen sind in Deinem Garten entstanden, Malern hast Du den Pinsel geführt, Schriftstellern hast Du Ideen zugeflüstert, Geigerinnen hast Du geduldig bei ihren Etüden gelauscht, Architekten warst Du Vorbild oder Anregung.

Auf alten Fotos sehe ich Dich mit stolz geschwellter Brust und erhobenen Hauptes die gesamte Gegend bis zum *Taksim* wie ein herrschaftliches Schloss überragen. In Deinen Wänden wurde, wie in ganz *Pera*[18], fast nur Französisch gesprochen; allenfalls mit dem einfachen Dienstpersonal, für das ein separates Treppenhaus mit direktem Zugang zu den Küchen vorgesehen war, verkehrte man auf Türkisch,

---

[18] Europäischer Stadtteil, frühere Bezeichnung für „*Beyoğlu*"

Griechisch oder Armenisch. Die *İstiklâl Caddesi* mit ihren prunkvollen Jugendstilhäusern musste den Vergleich mit Paris und anderen europäischen Bürgermetropolen nicht scheuen, und man war stolz auf die bereits 40 Jahre zuvor – und somit noch vor der Pariser Metro – in Betrieb genommene, kurze Metrolinie, die sich, zunächst noch dampfbetrieben, von *Karaköy* hoch zum *Tünel* schleppte.[19] Deine Bewohner waren wohl mit die ersten in ganz Istanbul, die bereits sechs Jahre nach Deiner Fertigstellung elektrischen Strom erhielten und dann auch in den Genuss eines elektrischen Fahrstuhls kamen, der vorausschauend mit eingeplant worden war. Istanbul muss damals noch einer Kleinstadt inmitten eines Flickenteppichs aus Fischerdörfern auf asiatischer wie europäischer Seite geglichen haben. Nachdem es in der Altstadt langsam zu eng und stickig wurde, zog es die wohlhabende Bourgeoisie über das Goldene Horn hinüber nach *Pera*. Man flanierte auf den prunkvollen Einkaufsstraßen, suchte Zerstreuung in den zahlreichen Cafés oder Theatern, und an den heißen Wochenenden zog man sich in die *sayfiye's* – die leicht und luftig mit Holz gebauten Sommervillen am Bosporus – zurück.

Du hast all das erlebt: Die Veränderungen und Neuerungen, eine Stadtentwicklung in gestrecktem Galopp, alles hast Du mit stoischer Ruhe an Deinen

---

[19] *Karaköy* und *Tünel* sind Stadtteile auf der europäischen Seite Istanbuls.

dicken Mauern vorbeiziehen sehen. Du musstest erleben, wie in den 60er-Jahren des letzten Jahrhunderts *Beyoğlu* mehr und mehr verkam, Gangster, Mafiosi, Zuhälter und andere zwielichtige Gestalten in ihren monströsen Chevrolets die *İstiklâl* rauf zum *Taksim* fuhren; wie die schönen, alten Theater zu billigen Kinos und *pavyon's*[20] verkamen – zu schlüpfrigen Nachtclubs und Varietés, in denen geschäftsreisende, anatolische Kleinbürger beim *konsomatris*, einem billigen Schaumwein, weinerlicher *gazino müziği*[21] lauschten und gemeinsam ihr *kötü kader* – ihr schlimmes Schicksal – beklagten. Deine wohlhabenderen, eleganteren Bewohner zogen weiter Richtung Norden, nach *Şişli* und *Nişantaşı* und später dann nach *Levent* und *Maslak*,[22] immer auf der Flucht vor dem gewöhnlichen Volk, denn es scheint in Istanbul ungeheuer wichtig zu sein, in welchem *semt* (Stadtbezirk) oder *mahalle* (Viertel, Nachbarschaft) man lebt, wie man sich durch seinen „Kiez" definiert und abgrenzt.

Du hast erlebt, wie aus einer nach dem Zweiten Weltkrieg ca. 800.000 Einwohner zählenden Stadt in nur wenigen Jahrzehnten eine Riesenmetropole wurde, ein Moloch, der sich mit Heißhunger sämtliche Dörfer entlang des Bosporus' und des Marmarameeres einverleibte; wie sich unzählige *gecekon-*

---

[20] Meist etwas schummrige Lokale mit Alkoholausschank
[21] Billige Bar-Musik
[22] 4 Stadtteile auf der europäischen Seite Istanbuls

dus[23] auf den Hügeln breitmachten und durch die freien Flächen der Stadt fraßen. Du hast Erdbeben und Militärputsche erlebt; noch vor wenigen Jahren musstest Du Deine Fenster und Türen verschließen, weil die Polizei Gasbomben gegen Demonstranten einer verbotenen Mai-Kundgebung einsetzte.

Ich glaube, alles in allem bist Du zufrieden mit der Entwicklung der letzten Jahre und mit Deinen jetzigen Bewohnern. Zwar musstest Du Dich wahrscheinlich erst einmal an die transsexuellen Prostituierten gewöhnen, die oben an der Ecke auf Kundschaft warten, an die vielen Zuwanderer aus Ostanatolien, Afrika und anderen Ecken dieser Erde, die sich täglich den steilen Weg hoch aus *Dolapdere*[24] schleppen, und sicherlich nervt Dich die billige Türk-Pop- und Arabesk-Musik, die nachts aus den schummrigen *pavyon's* in Deiner Nachbarschaft dröhnt. Aber Deine Bewohner achten und lieben Dich, in den kleinen Wohnungen und Ateliers im Erdgeschoss entstehen Skulpturen und Bilder, die die Geschichte Istanbuls erzählen, Deine Treppenhäuser sind getränkt mit Düften, die von der Koch-

---

[23] *Gecekondus* (wörtlich übersetzt: „nachts aufgebaut") sind ärmere Stadtteile, die eine Besonderheit in der Entwicklung türkischer Städte darstellen: Ein Gesetz noch aus osmanischer Zeit besagt, dass ein Haus, das über Nacht auf öffentlichem Grund und Boden errichtet wird, nicht abgerissen werden darf. So haben aus Anatolien kommende, arbeitsuchende Einwanderer große Teile Istanbuls mehr oder weniger „über Nacht" und weitestgehend unkoordiniert besiedelt.
[24] Im Tal gelegener Stadtteil auf der europäischen Seite Istanbuls

kunst der Nachbarn zeugen, und Du beherbergst so wunderbare Juwelen von Menschen wie meine Mitbewohnerin Demet, die für all ihre Freunde immer ein offenes Ohr hat, deren Tafel so oft gedeckt ist für Nachbarn und Freunde und die das größte Herz Istanbuls besitzt. Hier war ein arbeitsloser, ziemlich mittelloser Freund wie selbstverständlich immer irgendwo zum Essen eingeladen und fand stets jemanden, der ihm abends ein Bier spendierte. Hier wurden rauschende, ausgelassene Feste gefeiert, getanzt, diskutiert, geliebt. In Deinem Hof haben wir bei strömendem Regen und unter Tränen Çörek, „unseren" Haushund begraben. Hier ist Memiş, unser *bakkal* (Krämer), unangefochtener *tavla-* bzw. Backgammon-König und Herrscher über den *dedikodu* (Klatsch) des gesamten Viertels. Er weiß, wer krank und wer verreist ist; er bringt die Einkäufe älterer Menschen vor die Haustüre. Hier stirbt niemand einfach so, ohne dass jemand etwas davon mitbekommt. Memiş ist immer für einen Plausch bei einer Tasse Tee zu haben, lacht mich offen an, wenn ich in seinen Laden komme, und brüllt auf mich ein, weil er denkt, dass ich Ausländer ihn so besser verstehen kann.

Es ist einer dieser kühlen, regnerischen Winterabende. Ein Stromausfall unterbricht ein langweiliges Fernsehprogramm, und Demet und ich treffen uns bei Kerzenschein im Wohnzimmer. Wir trinken Bier und Tee, reden und lauschen in die Nacht, die nur durch das sanfte Rattern der Stromgeneratoren der benachbarten Bars gestört wird. Es ist einer dieser seltenen Momente, in denen diese sonst so ruhelose Stadt Atem holt. Und wir, wir können sie wieder hören, die Geschichten *Arif Paşa's*.

Kapitel 6

Abwarten und Teetrinken
Bürokratischer Hindernislauf auf Türkisch

U m die Schwierigkeiten eines Ausländers mit dem – wohl noch aus osmanischer Zeit stammenden – hierarchischen System türkischer Amtsstuben zu verstehen, muss man wissen, dass die Anordnung eines Büros wichtiger Personen in der Türkei offenbar immer den gleichen Richtlinien zu folgen hat: Im Hintergrund hängt eine türkische Fahne, die ungefähr die Ausmaße der deutschen Flagge auf dem Reichstag hat, und von der Wand blickt einen das omnipräsente Bild Mustafa Kemal Atatürks an, das in keinem öffentlichen Zimmer fehlen darf. Hinter einem Schreibtisch, der die Größe eines Doppelbettes hat und geschätzte drei Tonnen wiegt, sitzt dann auf einem normalen Schreibtischstuhl die Respektsperson, deren höherer Stand schon dadurch zur Geltung gebracht wird, dass wir Normalsterbliche auf seitlich angeordneten, niedrigen, durchgesessenen Sesseln knapp über dem Boden und auf Höhe seiner Schnürsenkel Platz nehmen dürfen. Die Rangordnung wird also jedem noch so unverbesserlichen, demokratieversessenen Laien dadurch klargemacht, dass er von unten in das von Atatürks Konterfei umrahmte Gesicht – oder besser gesagt: Kinn – seines Intendanten oder Bürovorsitzenden aufblicken muss. Vielleicht erklärt sich auch aus diesem Umstand die Tatsache, dass an jedem türkischen Opernhaus eine Masseuse eingestellt ist, denn nach längeren Gesprächen mit dem Intendanten kann es durch das seitlich verdrehte Emporschauen schon einmal zu ernsthaften Verspannungen in den Nackenwirbeln kommen.

Einen besonders tiefen Einblick in die türkische Bürokratie konnte ich durch meine reichhaltigen Erfahrungen beim Zoll erlangen, den ich zwischenzeitlich schon fast zu meinem Feriendomizil erklären konnte (für das man dann ja auch gerne mal seinen halben Monatslohn hinblättert). Dummerweise bin ich seinerzeit mit meinem alten, klapprigen Golf von Deutschland in die Türkei gefahren, eigentlich nur, weil ich nicht auf meine Hundertschaft CDs verzichten mochte. Das war der größte Fehler, den ich bei dem ganzen Umzug machen konnte, denn letztendlich hätte ich mir wahrscheinlich von dem Geld, das ich für Zoll, Verkehrsvereine, Taxigelder, Strafgebühren, TÜV etc. ausgeben musste, alle CDs nochmal und noch ein türkisches Auto dazu kaufen können!
Der Schleudergang in Sachen türkischer Bürokratie begann, als ich meine Zollgenehmigung für

das Auto verlängern musste, dann herausfand, dass ich dazu Papiere aus Ankara brauchte, die ich vom Verkehrsverein aus dorthin schicken musste, der wiederum eine Aufenthaltsgenehmigung brauchte, die ich noch nicht hatte, weil mein Vertrag aus Ankara noch nicht unterschrieben vorlag. Alles verstanden? Nun, kurz und gut: Mein Auto stand beim Zoll, wofür ich jeden Tag ungefähr 5 € entrichten musste, obwohl ich nichts falsch gemacht und keinerlei Möglichkeit hatte, den Vorgang zu beschleunigen.

Irgendwann kam endlich der Vertrag aus Ankara. Nachdem ich meine Vorgesetzten endlos genervt hatte, brachten die es sogar zustande, wegen meiner fehlenden Aufenthaltsgenehmigung einen Termin für mich beim obersten Leiter der Ausländerpolizei durchzuboxen. Man kann sich die Polizeistelle für Ausländer ungefähr so vorstellen: Da drängeln sich Hunderte von Ausländern vor einer Glaswand, hinter der zwanzig Polizeibeamte Computerspiele spielen und drei sich um die genervten Kunden kümmern. Keiner kann irgendeine Fremdsprache, und so muss man mit dem bisschen Türkisch, das man gelernt hat, Begriffe wie Aufenthaltsgenehmigung, Arbeitserlaubnis oder Fahrzeugidentifizierungsnummer möglichst schnell verstehen. Nun, an diesen ganzen Leidensgenossen durfte ich diesmal vorbeigehen und wurde direkt in das Chefzimmer geleitet, das beinahe die Ausmaße des Spiegelsaales von Versailles und jene mir schon vertraute Anordnung mit dem Schreibtisch-Monstrum hatte. Ich plumpste also auf das knapp über dem Boden befindliche Sofa und blickte hinauf in das Gesicht eines überaus freundlichen Herrn, der nett mit mir plauderte, während zwei oder drei flinke Assistentinnen meine Papiere erledigten und uns Tee und Kaffee reichten. Ich unterhielt mich also angeregt über Oper und Türkei, nicht ohne eine gigantische Pralinenschachtel zu bemerken, die sich quasi über mir auf dem Tisch befand. Später bedankte ich mich bei meiner Operndirektorin für die Vermittlung dieses sehr hilfreichen Gesprächs, sie zwinkerte vielsagend mit den Augen und fragte schmunzelnd, ob ich die Pralinen bemerkt hätte?

Doch mein verzweifelter Kampf mit den türkischen Ämtern war noch nicht gewonnen, im Gegenteil: Er nahm allmählich kafkaeske Ausmaße an. Nach meinem positiven „Pralinen-Erlebnis" auf der Polizeistation folgte wieder wochenlanges Warten auf die nötigen Papiere; der Postweg und eine Unterschrift in Ankara dauerten tatsächlich fast einen Monat! Meine Kollegen rieten mir, beim Zoll jemanden zu bestechen, sonst bekäme ich meine Rostbeule nie wieder.

Nur – wie macht man das? Soll ich jemandem einfach so ein paar Scheine in den Kragen stecken oder ihn freundlich darauf hinweisen, dass sein Schuhwerk nicht mehr das Beste sei und ich gerne behilflich wäre? Wie stellt man so etwas an?

Während meine Verzweiflung also beinahe klinische Züge annahm, pendelte ich von „meinem" Zollamt ans andere Ende der Stadt zum Hauptzollamt, nur um dort zu erfahren, dass sich die Sachbearbeiterinnen in der Mittagspause befanden. Ich komme eine Stunde später wieder, Dame Nummer 1 ist aber damit beschäftigt, Tee zu kochen, Nr. 2 schmiert sich gerade ein Sandwich, Nr. 3 liest Zeitung, und Nr. 4 zeigt den übrigen ihre in der Mittagspause neu gekauften Schuhe. Nach einer Viertelstunde bekomme ich mein Dokument, muss es aber noch vom Direktor unterschreiben lassen. Nur – jetzt ist DER in der Mittagspause! Man macht offenbar gestaffelt Pause, weil man sich dann nachher mehr zu erzählen hat. Schlussendlich erhielt ich mein Auto erst zurück, nachdem ein Bekannter einem Bekannten beim Zoll Bescheid gesagt hat und dieser wiederum einen Bekannten auf meinen Fall angesetzt hat. So geht's dann erstaunlich schnell und unkompliziert.

Ich muss natürlich auch anmerken, dass viele Türken mit deutschen Ämtern sicherlich ganz ähnliche Erfahrungen machen. Als ich einige Jahre später meine türkische Freundin zu einem Besuch bei meiner Familie in Deutschland einlud, da wurde mir zum ersten Mal klar, welche bürokratischen Hindernisläufe Menschen aus Nicht-EU-Ländern auf sich nehmen müssen, um ein deutsches Touristenvisum zu bekommen. Dennoch: Auch Ausländern in der Türkei wird es nicht leicht gemacht. Bereits die Tatsache, dass ich als Generalmusikdirektor in Samsun weit weniger Geld verdiente als meine zehn Jahre jüngeren Kollegen in Chor und Orchester, einfach weil türkische Staatsbürger – wie bereits erwähnt – jedes zweite Monatsgehalt doppelt bekommen, brachte mich zu der Erkenntnis, dass der türkische Staat, im Gegensatz zur allgegenwärtigen, umwerfenden Gastfreundlichkeit seiner Bevölkerung, nicht unbedingt gesteigerten Wert auf ausländische Bedienstete in seinen Reihen legt.

Einen letzten Höhepunkt sollte meine unendliche Geschichte mit dem Zoll kurz vor meiner Rückkehr nach Deutschland erreichen. Mein Umzug stand bevor, ich fing schon an, meine Sachen in 26 Kisten zu verpacken, um sie mit der Post nach Deutschland zu schicken, und die Vorbereitungen für mein Abschiedskonzert liefen auf Hochtouren. Ich hatte seit Monaten versucht, meinen treuen, alten Golf zu verkaufen, was sich jedoch als ziemlich schwieriges Unterfangen entpuppte, weil ich als Ausländer mein Fahrzeug nicht an Türken, sondern nur an andere Ausländer verkaufen darf. Ich hatte eine Deutschtürkin mit deutschem Pass gefunden, die es mir für umgerechnet ca. 100 Euro abkaufen wollte, wir beide waren aber völlig ahnungslos, welche Schwierigkeiten auf uns warteten. Man muss wissen, dass mein Auto in meinem Reisepass vermerkt war und ich nur mit einem Stempel vom Zoll ausreisen durfte, der beglaubigte, dass das Fahrzeug entweder ordentlich verzollt oder aber beim Zoll abgestellt ist. Ein türkischer Freund, die potenzielle Käuferin und ich wurden nun also fast täglich bei Polizeistationen und Zollbehörden in Samsun vorstellig, tranken literweise Tee und übten uns in Geduld; und das alles vor, zwischen und nach den Endproben für mein Abschiedskonzert und nur eine Woche vor meiner geplanten Abreise!

Am Donnerstag, auf dem Weg zur Hauptprobe, teilte mir dann mein türkischer Freund telefonisch mit, dass ich unbedingt selbst nach Istanbul fliegen müsste, um eine Genehmigung der dortigen Verkehrspolizei zu bekommen. Ich rief noch im Minibus stehend bei der Oper an, sagte die Probe ab, bestellte ein Flugticket nach Istanbul, ein Taxi für den ganzen Tag und saß wenig später völlig frustriert und gestresst im Flugzeug. Der Taxifahrer brachte mich dann im Eiltempo quer durch halb Istanbul nach *Gayrettepe*[25] zur Verkehrspolizei, wo ich einen einzigen Stempel und eine Unterschrift erhielt und mich fragte, ob es auf diesen Ämtern nicht auch Faxgeräte oder Scanner gibt. Wir brausten zurück nach *Yeşilköy*[26] zu dem mir schon bestens vertrauten Zollamt am Flughafen, das gerade zumachte. Ein Beamter gab uns trotzdem netterweise noch Auskunft, dass wir völlig umsonst gekommen seien, da die Zuständigkeit nicht hier liege, sondern beim

---

[25] Europäischer Stadtteil von Istanbul
[26] Europäischer Stadtteil am Atatürk-Flughafen

Zollamt in Samsun, also genau jener Behörde, die mich nach Istanbul geschickt hatte. Spätabends kehrte ich zurück nach Samsun, völlig übermüdet, aber wenigstens im Besitz einer Unterschrift und eines Stempels, die mich ca. 400 Lira Reisespesen gekostet haben.

Am Freitag, vor der Generalprobe, war ich in aller Frühe wieder beim Zoll in Samsun, der eigentlich mittlerweile für mich ein Gästezimmer hätte einrichten können. Inzwischen hatte ich mich schweren Herzens mit der Tatsache abgefunden, dass ich das Auto meinem geliebten Zoll als Abschiedsgeschenk hinterlassen würde, nachdem die potenzielle Käuferin und ich erfahren mussten, dass wir nach Ankara zur Deutschen Botschaft fahren müssten, um die Echtheit unserer Reisepässe beweisen zu können. Natürlich hätten bereits die Reisekosten den Kaufpreis überstiegen, und Zeit hatte ich ja ohnehin nicht mehr. Ich kramte also in den Tiefen meines eigentlich recht optimistischen Gemüts nach den Resten von Siegeszuversicht und streckte dem Zollbeamten stolz mein in Istanbul unterschriebenes Dokument entgegen. Er prüfte und prüfte und nahm schließlich eine Inspektion meines Fahrzeugs vor. Es stellte sich heraus, dass bei meiner Einreise in die Türkei vor sechs Jahren notiert wurde, dass sich ein Autoradio in meinem Besitz befunden hatte. Dieses hatte ich aber bereits vor Monaten nach Deutschland geschickt, weil es eigentlich das Wertvollste am gesamten Auto gewesen war. Der Beamte meinte nun, dass er das Fahrzeug ohne Radio nicht in Empfang nehmen, ich also nicht ausreisen könne. Mein Flug nach Deutschland war bereits für Montag gebucht und dieser Freitag definitiv meine letzte Möglichkeit, die Angelegenheit zu regeln. Irgendwo zwischen Wutanfall und Nervenzusammenbruch zog mich mein türkischer Freund zur Seite, fuhr mit mir zu einer Kfz-Werkstatt und kaufte das billigste, kaputteste Autoradio für umgerechnet drei Euro. Wir kehrten zurück zum Zoll, steckten es in die Konsole und verkündeten: „İşte, radyo var!" – „Da hab'n wir's doch: es gibt ein Radio!" Und siehe da, was ich schon nicht mehr für möglich gehalten hatte, traf ein: Eine Stunde vor Beginn der Generalprobe für mein Abschiedskonzert hatte ich meinen Stempel im Reisepass, durfte meinen Golf am Zoll stehen lassen und nur drei Tage später nach Deutschland reisen.

Kapitel 7

„Ah İstanbul, İstanbul olalı"[27]
Was ich an Istanbul vermisse werde

Istanbul, das ist ein riesiges, buntes, üppiges Gemälde, das sich keinem Stil und keiner Epoche zuordnen lässt. Armeen von Satellitenschüsseln zieren alte, halbverfallene Holzhäuser. Aus den schönen, um die Jahrhundertwende errichteten Gebäuden am *Tarlabaşı Bulvarı*[28] blinken bunte Leuchtreklamen, auf denen „Erotik-Shop" oder „*Peruk*"[29] steht. *Maslak*[30] gleicht einem riesigen Teppich von Autowerkstätten, in dem man Tage zubringen kann, von einem Experten zum nächsten geschickt und immer wieder zum Tee eingeladen wird; dieser von Autoreifen und Auspuffrohren geprägte Stadtteil wird nun überragt von modernsten Büro-Hochhäusern und Wolkenkratzern. In *Üsküdar*, so sagt man, tragen die Frauen seit Generationen besonders bunte Kopftücher. Nur wenig entfernt, im

---

[27] Titel eines Liedes von Sezen Aksu, einer türkischen Pop-Ikone
[28] Große Straße im europäischen Stadtteil *Beyoğlu*
[29] Shops, in denen Perücken verkauft werden
[30] Stadtteil im Norden Istanbuls

benachbarten *Kadıköy*, werden diese durch sommerlich-bunte Miniröcke, westliche Musik und studentischen Trubel ersetzt. In *Karaköy* wimmelt es von einfachen Handwerkern; Wasserhähne und Schraubenzieher, Angeln und Waschmaschinen werden hier wie in einem riesigen, chaotischen, offenen Baumarkt angeboten.[31] Fährt man dann mit der uralten Metro den *Tünel* hinauf nach *Beyoğlu*, kann man die schönen Jugendstilkacheln bestaunen und wenig später von einem der schicken, teuren Cafés am *Galatasaray lisesi*[32] den atemberaubenden Blick auf den Bosporus und die Altstadt genießen.

Istanbul, das ist das leuchtende Blau des Bosporus', das Rot der *simit*-Wagen in *Eminönü*[33], das Grün des *Gezi*-Parks oder der vielen Uferpromenaden, wo bei fast jedem Wetter gegrillt wird und ältere Männer im Schatten der Bäume ein Nickerchen machen. Das sind vornehme Fischrestaurants in *Tarabya* oder *Bebek*,[34] in denen man von Hundertschaften zuvorkommender Kellner umschwirrt und verwöhnt wird, und das sind billige, stinkende *Kokoreç*[35]-Buden oder Stände für *ıslak Hamburger*[36] am *Tak-*

---

[31] *Üsküdar* und *Kadıköy* sind Stadtteile im asiatischen Teil Istanbuls, *Karaköy* befindet sich auf der europäischen Seite.

[32] Elite-Gymnasium im Herzen *Beyoğlus*

[33] Stadtteil im europäischen Teil Istanbuls

[34] Stadtteile am Bosporus

[35] Türkische Spezialität, die aus klein geschnittenen, gegrillten bzw. gebratenen Lammdärmen besteht und in der EU verboten ist.

[36] „Feuchte" (fetttriefende) Hamburger

sim, die so preiswert sind, dass sich hartnäckig das Gerücht hält, sie seien mit Möwenfleisch gefüllt. Istanbul ist einerseits Moloch, der im Stau zu ersticken droht, und andererseits Oase am Wasser, das allgegenwärtig scheint: Marmara-Meer, Bosporus und Goldenes Horn bieten überall herrliche Ausblicke, Platz für Zigtausende Fischrestaurants und Teegärten. Während sich in der Ferne – wie mit weichem Pinselstrich in den Dunst gemalt – die Prinzeninseln abzeichnen, dominieren beim Blick auf *Levent* und *Maslak*[37] die harten, geometrischen Formen der modernen Architektur, die nur noch wenig Türkisches an sich hat.

Istanbul, das sind die Farben der Gewürze im *Mısır Çarşısı*, im Ägyptischen Basar, die manchmal recht aufdringlich, aber doch immer charmant den Touristen angeboten werden; und es ist das Grau so mancher vergessener Seitenstraße in *Beyoğlu* und am Goldenen Horn, deren traurig-schöner Melancholie Ara Güler[38] mit seinen wunderbaren Schwarz-Weiß-Fotografien ein bleibendes Denkmal gesetzt hat. Es sind kreischende Möwen, die sich rastlos über die Stadt hermachen, elegante, schlanke Tauben, die scheu in den wenigen Bäumen gurren, die noch nicht dem Modernisierungswahn der Stadtplaner geopfert

---

[37] *Levent* und *Maslak* sind Stadtteile auf der europäischen Seite Istanbuls.
[38] Türkischer Fotograf armenischer Abstammung, geb. 1928; gilt als einer der bedeutendsten Fotografen der Türkei

wurden; und es sind Tausende Störche, die sich En-
de August in vollkommener Anmut gleitend in die
Höhe schrauben und dann in einem schier endlosen
Zug Richtung Süden fliegen.

Istanbul ist die Stadt der unterschiedlichen Tempi;
die der schicken Damen der oberen Gesellschaft, die
in den in *Nişantaşı, Şişli* und *Levent* aus dem Boden
sprießenden Einkaufszentren durch die Edelbou-
tiquen hecheln, aber auch die der in *Tophane*[39] ge-
mächlich an der Wasserpfeife ziehenden und in gemütlichen Sitzkissen kauernden *tavla*-Spieler oder
die der Fischer auf der *Galata*[40]-Brücke, die offenbar
Tage damit verbringen können, ein paar *hamsi*
(Schwarzmeer-Sardellen) zwischen unzähligen Aus-
flugsdampfern, rostigen Kähnen und überfüllten
Fähren aus dem Brackwasser des Goldenen Horns
zu ziehen.

In Istanbul fließen Vergangenheit und Gegenwart reibungslos ineinander. Über die Brücken
schiebt sich nicht nur zu Hauptverkehrszeiten Auto
an Auto, auf den Umgehungsstraßen rast der Durch-
gangsverkehr, und auf einer der Prinzeninseln wiederum schaukelt man gemütlich, wie seit Jahrhun-
derten, auf einer der Pferdekutschen durch die ruhi-
gen, erfrischenden Wälder. Müllsammler ziehen rastlos und mit gekrümmtem Rücken ihre riesigen, vor

---

[39] *Nişantaşı, Şişli, Levent* und *Tophane* sind Stadtteile im europäischen Teil Istanbuls.
[40] Brücke über das Goldene Horn

62

Dreck starrenden Wagen durch die Stadt, während in den wenigen Metrostationen müde, leere Gesichter auf die Video-Bildschirme starren, von denen Nachrichten und Reklame flimmern. In *Beşiktaş*[41] hetzen jeden Abend Tausende Menschen auf die Fähren zur „anderen", also asiatischen Seite, die immer absolut pünktlich und mit großem Getute ablegen. Sie rennen gestresst vorbei an jenen, die das vielleicht Schönste tun, was man in Istanbul tun kann: in der Abendsonne in einem der vielen Teegärten am Bosporus sitzen, einen Tee trinken, kurz die Zeit anhalten und dem bunten Treiben zuschauen.

Istanbul, das ist dies ständige Ineinanderfließen unterschiedlicher Geräusche, diese vollendete Sinfonie von Straßenlärm, Muezzins und tutenden Bosporus-Dampfern. Eine Sinfonie, die nur dem ersten Anschein nach chaotisch wirkt, die jedoch offenbar geheimen Gesetzen folgt. So richtet der Gebetsruf von den Minaretten, der *ezan*, die Tageszeiten auch für nichtbetende Menschen nach festem Muster ein. Selbst die Müllabfuhr kommt meist pünktlich nachts um 2 Uhr, kurz bevor die Nachtclubs in unserer Nachbarschaft ihre Türen öffnen, um nicht nur die schlechte Luft, sondern auch die noch schlechtere türkische Popmusik ins Freie zu entlassen. Doch auch danach kommt die Stadt selten richtig zur Ru-

---

[41] Europäischer Stadtteil von Istanbul

he: Manchmal hat man den Eindruck, dass die Möwen und Katzen nachts nur deshalb umso lauter schreien, weil sie sich vor den wenigen Momenten der Stille fürchten; oder als wollten sie sich mit ihrem sarkastischen Gelächter und dem übertrieben selbstmitleidigen Gejaule über die Stadt und deren Ruhebedürfnis lustig machen. Mittagspause und gutes Wetter kündigen sich hier immer durch das leise, silberne Klirren der Teelöffel und -tassen in Tausenden von Straßencafés und Teegärten an, Stromausfälle durch das Schnauben und Knattern der Generatoren (meist bevor man sie selbst bemerkt hat). Sieht man von diesem gleichmäßigen Brummen der Aggregate einmal ab, so sind Stromausfälle die wenigen Momente, in denen die Stadt endlich durchzuatmen scheint, in denen so etwas wie Stille durch die Gassen zieht, gleich einem kühlen Luftzug in einem stickig-heißen Sommer.

Beim gleichmäßigen Vibrieren der Motoren auf einer der Bosporus-Fähren zu sitzen, ein Glas Tee in der Hand, die Sonne im Gesicht, und den Blick entlang der eindrucksvollen Silhouette von *Sultanahmet*[42] schweifen lassen, das ist für mich DIE Istanbul-Empfindung schlechthin! Als Leitmotiv für diese Istanbul-Sinfonie fungiert das dumpfe Tuten dieser ungezählten Fähren und der schweren Dampfer, die oft wochenlang am Eingang zum Bosporus warten

---

[42] Europäischer Stadtteil im historischen Zentrum Istanbuls

müssen, ehe sie ihre schweren, rostigen Leiber durch die Strömungen und vorbei an Fischerbooten, Ausflugsschiffen und Yachten Richtung Schwarzes Meer zwängen. Abends das Dröhnen und Wummern aus Tausenden von Clubs entlang der *İstiklâl Caddesi*, das sich mit den Klängen der vielen Straßenmusiker mischt, die mehr schlecht als recht irgendwelche türkische Volksweisen auf *saz* (türkisches Lauteninstrument), *ney* (orientalische Flöte) oder sogar Blockflöten zum Besten geben. Diese einzigartige Straße, die so voller Musik, Menschen und Farben ist, kann sich wohl nur dann etwas ausruhen, wenn *ramazan* ist oder wenn die türkische Fußballnationalmannschaft spielt.

Istanbul, ich werde Deine Buntheit, Dein pralles Leben, Deine Widersprüche vermissen. Hier fließen rechts und links, Vergangenheit und Zukunft, konservativ und fortschrittlich, westlich und östlich ineinander wie die Strömungen und Strudel im Bosporus, der auch nicht weiß, ob er nun lieber vom Schwarzen ins Marmara-Meer oder entgegengesetzt fließen möchte. Vielleicht ist es genau diese ständige Bewegung, der mangelnde Wille sich festzulegen, das immer Überraschende, was meine Liebe zu Dir so heftig und leidenschaftlich gemacht hat.

Es müsste einmal ein Journalist eine Reportage machen zum Beispiel über die unzähligen Perücken-Geschäfte dieser Stadt, die mich anfangs doch ziem-

lich irritiert haben. Warum gibt es einen solch großen Bedarf an Perücken hier? Von türkischen
Freunden höre ich, dass viele Frauen in den stark
religiös geprägten Stadtteilen am Goldenen Horn –
wie z. B. *Eyüp* und *Fatih* – das Kopftuchverbot an
Unis umgehen, indem sie Perücken tragen, weil sie
dies für weniger sündhaft halten, als das eigene Haar
in der Öffentlichkeit zu zeigen. Gleichzeitig gibt es
gerade am *Taksim* auffallend viele Transsexuelle, die
tagsüber oft von denselben Männern verachtet und
bespuckt werden, die des Nachts ihre Dienste in Anspruch nehmen. Ich stelle mir nun vor, wie sich in
einem dieser Perückenläden eine streng gläubige
Studentin mit einer Transsexuellen über die Qualität
von Rosshaarperücken unterhält. Das wäre in dieser
Stadt – und wahrscheinlich nur hier – durchaus
denkbar!

Ich liebe die Aufgeschlossenheit und Unkompliziert-
heit der Menschen hier: Wenn ich in unserer Straße
in einem Café sitze, der Obstverkäufer vorbeikommt,
eine alte Dame aus dem vierten Stock herunterruft
und kurz darauf einen Korb mit Kleingeld auf die
Straße lässt, den sie wenig später mit ihren Einkäu-
fen wieder nach oben zieht; dann denke ich: Das Leben kann so einfach sein! Wenn ich zu Memiş, unserem *bakkal* (Krämer) sage, ich sei heute etwas müde,
weil ich sehr viel Arbeit hätte, und er darauf nur
antwortet, das sei doch besser, als keine Arbeit zu
haben, dann weiß ich, dass ich in der richtigen Stadt

lebe! Wenn ich erlebe, wie sich Menschen hier über Regen freuen können, wie überhaupt das Wetter entweder als gegeben hingenommen oder freudig begrüßt wird, dann weiß ich, dass mir diese Sichtweise sehr gefällt und nahe liegt!

Kürzlich las ich in einem Roman, dass Istanbul nicht als Stadt im herkömmlichen Sinne zu bezeichnen wäre, sondern als Schiff, in dem ganz und gar unterschiedliche Menschen – was Herkunft, Glaube und Lebensweise betrifft – zufällig zusammen gelandet sind. Mir gefällt dieses Bild einer Art Arche Noah, auf der sich die verschiedensten Menschen treffen, einige sind wohl nur zum Fischen gekommen, andere haben eigentlich eine Kreuzfahrt gebucht, und die allermeisten sind wohl andernorts in Seenot geraten.

Eine deutsche Kollegin hat mir damals, als ich nach Istanbul gezogen bin, einen sehr schönen Spruch mit auf den Weg gegeben, an den ich nun denken muss:

Ein Schiff, das im Hafen liegt,

ist sicher vor dem Sturm.

Aber dafür sind Schiffe nicht gebaut.

Vielleicht fühle ich mich deshalb so verbunden mit Dir, Istanbul, weil auch Du nicht zur Ruhe kommst. Weil Du nicht Anker wirfst, sondern endlos zwischen Asien und Europa, zwischen Tradition und Moderne, zwischen Kopftuch und Stöckelschuhen, zwischen *ezan*[43] und *Reina*[44] auf dem Bosporus hin und her gondelst!

---

[43] Gebetsruf

[44] Angesagter, schicker Nachtclub am Bosporus

Kapitel 8

„Bizim hedefimiz 2023!"[45]
Vollkommen subjektive Reflexionen eines deutschen Gastarbeiters über die politischen Wirren in der Türkei

Zieht man als Deutscher für längere Zeit in die Türkei, so ist man natürlich auch voller Neugier auf eine Kultur, die in der zurückgelassenen Heimat eigentlich so nah und allgegenwärtig sein sollte und doch auch nach Jahrzehnten des gemeinsamen Lebens immer noch oft erstaunlich fremd und weit entfernt zu sein scheint. Man hat gelesen über Integration, gehört von Gerichtsprozessen kopftuchtragender Lehrerinnen in Baden-Württemberg, diskutiert über angebliche Parallelgesellschaften. Man meint, nun in dem Land anzukommen, wo diese Themen endlich nicht so viel Gewicht haben, sondern ein Kopftuch einfach ein Kopftuch ist, und muss dann überrascht feststellen, dass die Gräben hier noch größer sind, dieses Stück Stoff offenbar eine noch größere Rolle spielt und die Gesellschaft insgesamt zu zerreißen droht.

---

[45] Wahlslogan der AKP: „Unser Ziel ist 2023!"

Wenn ich mit Kollegen diskutiere und bekenne, dass ich es als Mangel empfinde, nur sehr wenige überzeugte AKP-Wähler zu kennen, dass ich gerne die Ansichten einer jener schicken, selbstbewussten Kopftuchträgerinnen kennenlernen würde, dann ernte ich nicht selten absolutes Unverständnis. Ein Bratschist aus dem Orchester bekennt gar, er würde niemals auch nur ein Wort mit einer dieser von ihm regelrecht gehassten AKP-Wählerinnen wechseln wollen. Komme ich dann tatsächlich doch mit jenen ins Gespräch, spüre ich auf dieser Seite eine Mauer von immer gleichen Argumenten: „Wir sind erfolgreich; es geht uns besser; die Ökonomie brummt." Kritik scheint unangebracht, andere Sichtweisen sind offenbar unerwünscht. Ich habe den Eindruck, dass es in diesem Land nur Schwarz und Weiß geben darf, Grauschattierungen werden eher als Unentschlossenheit denn als differenziertes Ringen um die Wahrheit interpretiert. Dieser Mangel an Diskussionsbereitschaft mit der jeweils anderen Seite, an Kommunikation innerhalb der Gesellschaft ist für mich verstörend. Ich blättere die Freundeslisten auf den Facebook-Seiten meiner Freunde durch und sehe fast nie ein Kopftuch, dafür Hunderte Atatürk-Portraits und türkische Fahnen, und frage mich, ob es andererseits Facebook-Seiten gibt, auf denen nur kopftuchtragende Frauen und Bilder von Erdoğan zu sehen sind.

Und noch etwas anderes wird mir klar: wie sehr wir doch abhängig sind von einer Berichterstattung, die vorgibt, objektiv zu sein, dies aber niemals erfüllen kann. Ich sehe mir abends oft ZDF-Nachrichten im Internet und türkische Nachrichten im Fernsehen an, lese (seltener) deutsche, manchmal türkische Zeitungen und kann mich des Eindrucks nicht erwehren, dass hier über vollkommen unterschiedliche Sachverhalte oder Länder berichtet wird. In türkischen Medien (oder wenigstens in Teilen davon) wurde lange Zeit viel über den zunehmenden Einfluss und die wachsende Macht der AKP diskutiert, während deutsche Berichterstatter gebetsmühlenartig vor der Macht des Militärs und der Nationalisten warnten und die zunehmende Islamisierung und Autokratisierung der Gesellschaft eine erstaunlich untergeordnete Rolle spielte (dies soll sich dann erst später, mit den *Gezi*-Park-Protesten, ändern).

Ich erinnere mich an komplett unterschiedliche Interpretationen und Kommentare nach gehäuften Wohnungsbränden in von Türken bewohnten Häusern in Deutschland, an türkische Zeitungen, die sofort einen fremdenfeindlichen Hintergrund vermuteten, und an deutsche, die schnell erwiderten, dass es dafür keine Anzeichen gebe und wahrscheinlich nicht fachgemäßes Hantieren an Gasleitungen oder ähnliches die Ursache sei (im Nachhinein sieht man das nach den unglaublichen Fehlinterpretationen und falschen Beschuldigungen im Zusammenhang mit den NSU-Verbrechen vielleicht auch anders!). Wenige Tage nach diesen Wohnungsbränden komme ich von der Arbeit, gehe über den *Taksim* und sehe einen VW-Bus dort stehen, der über und über mit Plakaten beklebt ist, auf denen sinngemäß Sprüche stehen wie: „Nun fackeln uns die Deutschen in unseren Wohnungen ab", „Die Deutschen sind ein Volk von Rassisten" und „Vor 60 Jahren haben sie 6 Millionen Juden getötet, nun sind die Türken dran". Ich will mit dem Mann vor dem Bus reden, er brüllt mich aber nur an, erst auf Türkisch, dann in fließendem Deutsch und holt dann das Ordnungsamt, das mich freundlich, aber bestimmt bittet, weiterzugehen. Ich bin schockiert und frage mich, was dem Mann in Deutschland wohl widerfahren sein mag.

Später, in Samsun, mache ich Bekanntschaft mit Mustafa, einem der gastfreundlichsten, höflichsten und herzlichsten Menschen, die ich je kennenlernen durfte. Er spricht ein paar Worte Deutsch, ich frage verwundert nach dem Grund, und er erzählt, dass er in Düsseldorf aufgewachsen sei und seine Eltern immer noch dort wohnten. Ich frage ihn, ob er nicht auch dort leben wolle. Er weicht aus. Ich hake nach, und er gesteht mir etwas unwillig, dort nicht glücklich gewesen zu sein, weil ihm die Deutschen allzu kühl und distanziert erschienen waren. Nach meinen Erfahrungen mit ihm und ganz allgemein als Fremder in der Türkei kann ich ihn nur zu gut verstehen und bin gleichermaßen von Scham erfüllt. Es gibt hier offensichtlich kein Aufrechnen („Wer hat das letzte Mal bezahlt?" – „Wer ist dran mit einer Einladung?"), kein Misstrauen, nur herzliche Neugier und Freude z. B. darüber, dass ein deutscher Dirigent in Samsun arbeiten möchte. Doch weiß ich auch, dass ich als einer jener Handvoll Deutscher eine Sonderstellung habe, und mir fällt wieder ein, wie mir ein Kollege hinter vorgehaltener Hand erklärte, Jude zu sein und mich eindringlich bat, dieses Geheimnis niemandem an der Oper weiterzugeben.

In diesem Land verschwimmen die gewohnten politischen Koordinaten: Was ist hier links, was rechts; was konservativ, was progressiv? Eine Partei wird als religiös-konservativ beschrieben, die eine radikal-neoliberale Modernisierungs- und Privatisierungspolitik verfolgt. Deren äußeres Merkmal ist ein regelrecht hyperaktiver Bau-Wahn in den Städten, bei dem alles Alte der offenkundigen Liebe zu Beton, Einkaufszentren und Parkhäusern weichen muss. Auf der anderen Seite das sich selbst als „sozialdemokratisch" bezeichnende Gegenüber, das sich statt über ein eigenes Profil mehr über die strikte Ablehnung der Regierungspartei zu definieren scheint. Meiner Meinung nach beruft man sich dabei oft allzu starr auf das vor 90 Jahren von Atatürk Formulierte, statt zu berücksichtigen, dass dieser sicherlich Großartiges bewirkt und gesagt hat, so manches aber gewiss angepasst, aktualisiert gehört.

Mir fällt ein Freund aus Istanbul ein, ein Arzt, westlich-aufgeschlossen und in mancher Hinsicht intellektueller Freidenker, der mir hinter vorgehaltener Hand gesteht, dass er früher auch AKP gewählt hat, einfach deshalb, weil er vom ideologischen Stillstand der Gegenseite genug hatte und sich vom Aufkommen der neuen Partei frischen Wind für die Türkei erhoffte. Meinem Eindruck nach deuteten auch in späteren Jahren die guten Wahlergebnisse für Erdoğan nicht unbedingt immer auf eine entsprechend große Zustimmung in der Bevölkerung, sondern waren vielleicht auch Reaktionen auf instabile Verhältnisse, auf die Ewig-Gestrigen, die offenbar immer nur die gleichen Antworten auf neue Fragen einer veränderten Türkei parat hatten, die stets nur auf Istanbul, Ankara und Izmir zu blicken und den Rest der Bevölkerung einfach nur als *cahil*, als „ungebildetes Bauernvolk", zu betrachten scheinen. Als das Militär wegen der Kopftuchdebatte in der Türkei offen mit einem Putsch drohte, war der enorme Wahlerfolg der AKP meiner Meinung nach in erster Linie als eine schallende Ohrfeige fürs Militär zu verstehen.

Mir kommen Erzählungen von Freunden in den Sinn, deren Eltern nach dem Putsch 1980 halbe Bibliotheken im Garten vergraben haben, aus Angst, sie könnten als Linke, als Intellektuelle, Probleme mit der Armee und ihrem brutalen Durchgreifen bekommen. Diese Erfahrungen sind immer noch präsent, Demokratie ist in mancher Hinsicht noch neu und fragil. Bis vor ein paar Jahren konnte man nach einer Wahl Menschen, die ihre Stimme abgegeben hatten, noch wochenlang daran erkennen, dass sie einen Farbklecks auf den Fingerkuppen hatten, der verhindern sollte, dass jemand zweimal seine Stimme abgibt. Insofern war die klare Absage an die Armee, an eine Rückkehr zu den Zuständen nach 1980, an militärische Gewalt und Einmischung in die Politik sicherlich auch ein gutes, urdemokratisches Signal. Auf der anderen Seite scheinen sich viel zu wenig Menschen um die demokratische Chancengleichheit Sorgen zu machen, seit die Regierungspartei AKP immer mehr Fernsehkanäle und Zeitungen bestimmt, Polizei und Justiz zunehmend unter Kontrolle bekommen möchte, regierungskritische Journalisten ins Gefängnis steckt etc. So sieht und hört man zu Wahlkampfzeiten eigentlich nur Herrn Erdoğan auf sämtlichen Radio- und Fernsehkanälen, einen Oppositionspolitiker sucht man da meist vergebens.

Ich will und kann mir als Ausländer nicht anmaßen, eine auch nur einigermaßen sinnvolle Analyse der politischen Situation in der Türkei zu geben; mir fallen einfach nur Dinge auf, Entwicklungen, die mir Sorgen bereiten, vor allem eine offenkundige Spaltung der Gesellschaft, der Mangel an Kommunikationsbereitschaft und die zunehmende Machtanhäufung auf Seiten der AKP.

Kapitel 9

„Samsun, nicht Samsung!"
Drei Jahre in einer türkischen Metropole, die außerhalb der Türkei kaum jemand kennt

S amsun, die Stadt am Schwarzen Meer, die ungefähr auf halber Strecke zwischen bulgarischer und georgischer Grenze liegt, hat immerhin mehr als 500.000 Einwohner, ca. 32.000 Studenten, ist DAS Zentrum am Schwarzen Meer und nun auch noch stolzer Besitzer eines modernen, neuen Opernhauses. In Deutschland so unbekannt, dass ich immer ihren Namen buchstabieren muss, um Verwechslungen mit einem Handy-Hersteller entgegenzuwirken, ist die Stadt in der Türkei doch jedem Kind bekannt, weil hier Mustafa Kemal Atatürk am 19. Mai 1919 seinen Befreiungskampf begonnen hat.

In gewisser Weise sind hier die Gegensätze, die die türkische Gesellschaft und das Leben zwischen Vergangenheit und Gegenwart, zwischen Okzident und Orient auszeichnen, noch deutlicher, noch unmittelbarer zu spüren als in Istanbul: Auf dem *Saathane*[46]

---

[46] *Saathane* ist ein Platz in Samsun, der seinen Namen von einer alten Turmuhr in seiner Mitte erhalten hat.

geht es zuweilen recht archaisch zu, hier sieht man schon mal den einen oder anderen Vollbärtigen zum Mittagsgebet in der Unterführung seinen Teppich ausrollen, man begrüßt sich nicht mit „*merhaba*", sondern mit „*selamünaleyküm*" und erntet viel Respekt, wenn man „*aleyküm selam*" antwortet; man wünscht sich nicht „*iyi akşamlar*" (einen „guten Abend"), sondern „*hayırlı akşamlar*" (einen „gesegneten Abend"). Nur fünf Minuten entfernt jedoch liegt die Haupteinkaufsstraße, wo sich Edelboutique an Starbucks-Café reiht und in die sich kaum ein Kopftuch verirrt. Als ich das erste Mal von Samsun nach Istanbul zurückkehrte, erntete ich viel Gelächter bei meinen Freunden, als ich meinte, die Bräuche in Samsun seien etwas anders, man würde sich hier zur Begrüßung nicht auf die Wangen küssen – wie üblich in der Türkei –, sondern Schläfe an Schläfe drücken. Mittlerweile weiß ich, dass es sich hierbei nicht um eine Samsuner Eigenheit handelt, sondern vielmehr um das Erkennungszeichen der ultranationalistischen MHP, die aber längst nicht so stark vertreten ist wie etwa in Trabzon (der zweitgrößten Metropole am Schwarzen Meer).

In jeder Wohnung, die ich in Samsun gesehen habe, gibt es eine kleine Toilette *alla turca* – also ein einfaches Steh-Klo – und eine *alla franga* – also eine Toilette europäischer Art –, die nachträglich ins Bad eingebaut wurde. Wir alle haben den ursprünglichen Toilettenraum eigentlich nur als Abstellraum oder

Besenkammer genutzt. Als ich dann eine pensionierte, mir bekannte Geigerin aus Deutschland überredet hatte, bei uns im Orchester als Konzertmeisterin zu arbeiten, bat sie mich, ihr schon vorab eine Bleibe zu suchen. Ich fand eine sehr schöne, direkt an der Strandpromenade gelegene, möblierte Wohnung, prüfte alles mehrfach – Kühlschrank, Herd etc. – und merkte erst bei ihrem Einzug, dass eine „normale" europäische Toilette im Bad fehlte, eine als Begrüßung natürlich denkbar ungünstige, ziemlich peinliche Situation ... Nun, nach einigen Tagen hatten wir dann aber einen *usta* (Handwerks-Meister) gefunden, der ihr auf die bestehende Toilette ein *alla franga*-Modell montierte, und das Problem war schnell behoben.

Im Allgemeinen sind die Menschen hier doch konservativer als im Westen der Türkei eingestellt. So wird die Musik in den Bars abgestellt, wenn der *Muezzin* den *ezan* (Gebetsruf) anstimmt, und an *ramazan* (im Fastenmonat) ist es bisweilen schwierig, eine Kneipe zu finden, die Bier ausschenkt. Als ich mit meiner damaligen Freundin aus Ankara neu nach Samsun kam, um eine Wohnung zu suchen, wollten wir in einem Hotel übernachten. Nach einigem Suchen fanden wir eines im Zentrum, erfragten den Preis, der uns zwar für Samsun recht stattlich erschien, entschieden uns aber dennoch dafür, eine Nacht dort zu verbringen. Zu unserer großen Überraschung fragte uns dann jedoch die Rezeptionsdame nach unserer Heiratsurkunde und weigerte sich tatsächlich, ein unverheiratetes Pärchen aufzunehmen.

In *Atakum* jedoch, in „meinem" Stadtteil also, der sich an einen kilometerlangen Strand schmiegt, herrscht wieder eine ganz andere Stimmung: Hunderte Cafés, Kneipen, Restaurants, junge Leute. Bei den letzten Wahlen hat man sich sehr über den Erfolg der Oppositionspartei CHP gefreut. Ich war an diesem Abend mit Freunden Fisch essen und doch überrascht, dass wir weder *rakı* (Anis-Schnaps) noch Bier bekommen konnten. Ich habe dann erfahren, dass an Wahlabenden striktes Alkoholverbot in der ganzen Türkei herrscht, weil bei Feiern regelmäßig Leute sterben, da angetrunkene Männer vor Freude mit Pistolen in die Luft schießen und manchmal eben ihr Ziel verfehlen. Bleibt zu fragen, ob es nicht sinnvoller wäre, Waffen statt Alkohol zu verbieten? Ganz nebenbei auch ein Aspekt, der bei der Diskussion um die sogenannte Bluthochzeit in Südostanatolien im Mai 2009, bei der 44 Menschen sterben mussten, kaum Beachtung fand: Diese durchgeknallten, blutrünstigen Machos besaßen ihre unzähligen Waffen ganz legal, weil sie von der Regierung als Zivilmilizen gegen die PKK eingesetzt wurden! Auch hier am Schwarzen Meer sind Waffen sehr weit verbreitet, und eine unter einer Jacke herausschauende Pistole im vollbesetzten *dolmuş* ist ein völlig normaler Anblick.

Im Allgemeinen jedoch herrscht in *Atakum* eine lockere, fröhliche Atmosphäre: viel junges Volk, Studenten, die sich zum *tavla*-Spielen treffen, schmusende Paare am Strand, relaxte Musik. Schön ist auch, dass sich hier offenbar unterschiedliche Lebenseinstellungen und politische Haltungen besser mischen und vielleicht sogar mehr Toleranz vorherrscht als in den großen Metropolen. In Istanbul kann man in Aksaray oder Fatih in den Bus einsteigen und ausschließlich Frauen mit Kopftuch vorfinden, die dann nach und nach aussteigen, und an der Endstation Taksim sitzen nur noch westlich „offen" gekleidete Frauen im wieder vollbesetzten Bus; so sehr sind die Stadtteile ideologisch voneinander getrennt. In Samsun hingegen sieht man junge Frauen am Strand spazieren, eine streng Kopftuch tragend, die zweite im Minirock und die dritte in einer Jeans steckend. An Wochenenden kommen oft Dorfbewohner aus den Bergen, die vielleicht zum ersten Mal im Leben das Meer sehen, so ausgelassen spielen Alt und Jung im Wasser. Und da ist es dann auch kein Problem und lediglich Anlass zu fröhlichem Kichern, wenn eine *teyze,* eine ältere Frau aus dem Dorf, in voller Montur plantschen geht und zwischendurch ihr Kopftuch verliert.

Die Region am Schwarzen Meer wird von meinen türkischen Freunden oft als „Deutschland innerhalb der Türkei" bezeichnet, weil es hier verhältnismäßig viel regnet und im Frühjahr die Berge und Hügel in frischem Grün strahlen, was der Gegend den Ruf einer „türkischen Kornkammer" eingebracht hat. Für fleischlos lebende Menschen ist das Leben dennoch schwieriger als in Istanbul oder Izmir, denn es gibt kaum eine Mahlzeit, die nicht wenigstens mit Hackfleisch vermischt wird. Fragt man in einfachen Lokalen nach etwas Fleischlosem, erhält man oft die Antwort: „Ja, gibt es: Hühnchen." Man unterscheidet hier streng zwischen „rotem" und „weißem" Fleisch, wobei letzteres offensichtlich eher den Status von türkischem Tofu hat. In das Dorf *Etyemez* („Fleisch wird nicht gegessen") bin ich voll froher Erwartung gegangen, musste aber sehr schnell feststellen, dass der Name leider nicht Programm war. Aber zum Glück esse ich ja Fisch, und den gibt es hier in Fülle! So bereiten Fischer ihren Tagesfang abends in einfachen Buden auf dem Grill zu. Teller, richtiges Besteck und Alkohol sucht man hier vergebens, der Fisch wird für ein paar Lira auf einem großen Blatt Papier serviert.

Fährt man von Samsun aus Richtung Osten, wird die Landschaft allmählich immer bergiger, das Grün üppiger und vielfältiger. Man fühlt sich an den Schwarzwald erinnert, während die Küstenstraße bei *Ordu,* die sich oft spektakulär an der Küste entlangschlängelt, Vergleiche mit der italienischen Riviera aufkommen lässt. Hier kann es vorkommen, dass der Ober eines Restaurants auf die Frage, welchen Fisch es heute auf der Karte gebe, nur gelassen auf ein einmotoriges Boot zeigt, das tuckernd die kleine Anlegestelle ansteuert. Wenig später präsentiert ein fast zahnloser Fischer am Tisch eine Plastiktüte mit noch zappelnden Fischen als Speisekarte zur Auswahl.

Eigenartig ist es für mich festzustellen, dass in Samsun offenbar weit mehr Menschen – vor allem ältere – der deutschen Sprache mächtig sind als in Istanbul oder Ankara. Das liegt wohl daran, dass ein großer Teil der in Deutschland lebenden Türken aus der Schwarzmeer-Region kommt und nach der Pensionierung dorthin zurückkehrt. In den Sommermonaten wimmelt es geradezu von Autos mit deutschem Kennzeichen. Die *almancılar* – die Deutschländer – genießen scheinbar die im Vergleich zur deutschen Straßenverkehrsordnung laxere Auslegung der Geschwindigkeitsbegrenzung in vollen Zügen, brausen genüsslich durch bereits rote Ampelphasen und wechseln rasant die Spuren. Man muss dazu wissen, dass in Samsun eine rote Ampel allgemein eher als Ratschlag denn als Notwendigkeit gesehen wird, und ich werde des Öfteren wild angehupt, weil ich bei Rot gehalten habe.

Auch den tieferen Sinn so mancher Verkehrsführung habe ich bis heute nicht verstehen gelernt, obwohl ich doch eine besonders intensive Begegnung damit gehabt habe: Es ist ein frostiger Februarnachmittag, an dem ich mich mit einem Freund zum Schwimmen verabredet habe. Ich bin also auf dem Weg ins Hallenbad der Uni, will gerade auf die Hauptstraße einbiegen, halte bei Rot vor einem Fußgängerübergang und wundere mich über die Verkehrsführung, weil ich die Ampel erst im letzten Moment auf der linken Seite bemerkt habe. Ein mächtiger Krach folgt, und mein Auto macht einen gehörigen Satz nach vorn. Der Zufall will es nun, dass ausgerechnet das wohl teuerste, schickste Auto Samsuns, eine silbermetallic-farbige Corvette, eine etwas stürmische Bekanntschaft mit dem Heck meines Autos machen wollte. Ich steige aus, sehe die Corvette mit Totalschaden und bin doch sehr überrascht, dass mein guter, alter Golf außer einem zersplitterten Rücklicht und einer verbeulten Stoßstange vollkommen unversehrt aus der Begegnung hervorgegangen ist. Der Fahrer des Flitzers brüllt gleich auf mich ein, ob ich denn vollkommen verblödet sei, hier würde doch kein Mensch halten etc. Er macht mir solche Angst, dass ich mich gleich meines – glücklicherweise – zwei Meter großen Freundes erinnere, ihn anrufe und bitte, doch möglichst schnell vom Schwimmbad hierherzufahren, bevor ich zu Brei geschlagen werde. Mittlerweile hat sich trotz winterlicher Kälte eine beachtliche Anzahl Schaulustiger auf der Kreuzung eingefunden, die miterlebt, wie mich der Corvette-Fahrer mit hochrotem Kopf ca. fünfzehn Minuten lang anschreit. Ich versuche ihn zu beruhigen, indem ich darauf hinweise, dass doch schließlich niemand verletzt worden sei, und verteidige mich immer wieder mit der Ampel, die zwar denkbar schlecht postiert sei, aber doch eindeutig rot war. Er holt einen Moment Luft, schaut mich verdutzt an und fragt, ob ich Ausländer sei. Ich bejahe. Dann fragt er, ob ich Deutscher sei. Ich bejahe. Nun schlägt sich der Corvette-Fahrer mit der Hand auf die Stirn und ruft in akzentfreiem Deutsch aus: „Jetzt verstehe ich!" Er will dann aber dennoch die Polizei rufen, die bald eintrifft und uns nach den Ausweisen fragt. Ich zeige meinen Reisepass, und der Polizist fängt auf Deutsch an zu erzählen, dass er zehn Jahre in Hamburg gearbeitet habe. Als dann schließlich mein Freund vom Schwimmbad erscheint, um mir zu helfen, muss ich ihm erst einmal alles ins Türkische übersetzen.

Ich muss allerdings anfügen, dass diese amüsante Anekdote doch eher eine Ausnahme war. Deutsch sprechende Türken findet man eher selten, dafür erzählt einem fast jeder Zweite freudig von irgendwelchen Cousinen und Brüdern in Dortmund und Düsseldorf und ist ganz überrascht, wenn man die nicht kennt.

Ein Hauch von Heimweh überkam mich eigentlich immer nur an Weihnachten. Im ersten Jahr, als ich gerade von Istanbul nach Samsun gezogen war, saß ich in einer vollkommen leeren Wohnung auf dem einzigen Möbelstück, das ich mir bis dahin geleistet hatte: einem gebrauchten Sofa. Ich telefonierte an Heiligabend in dieser Tristesse und in einer eiskalten Wohnung (weil die Heizung auch hier nicht funktionierte) mit meiner Familie und fühlte mich seltsam erinnert an die ersten Tage in Istanbul. Im zweiten Jahr in Samsun hatten wir rund um die Uhr Prüfungen, und am Vierundzwanzigsten musste ich bis spät abends in Sitzungen ausharren. Das ist dann schon ein sehr komisches Gefühl, wenn einfach niemand weiß, dass Weihnachten ist. Nun, ich habe wenigstens an einem Adventssonntag meine engsten Freunde eingeladen, Plätzchen gebacken und Glühwein gemacht. Meine Freunde haben mir sogar einen Weihnachtsbaum mitgebracht, der wenigstens in meinem Wohnzimmer etwas weihnachtliche Stimmung verbreitete.

Am ersten Feiertag hatte ich dann ein Weihnachtserlebnis, das ich so schnell nicht vergessen werde: Ich hatte in Erfahrung gebracht, dass es in Samsun eine kleine italienische Kirche gibt. Dorthin bin ich dann zusammen mit der einzigen christlichen Kollegin im Orchester zu einem Weihnachtsgottesdienst gegangen, an dem in bitterer Kälte ungefähr 15-20 Personen teilnahmen. Ein italienischer Pater erschien, der offensichtlich entweder der türkischen Sprache überhaupt nicht mächtig war oder schon etwas am Messwein genippt hatte, wahrscheinlich aber beides. Er las den ganzen Gottesdienst vom Blatt ab − in einer Langsamkeit und Schwerfälligkeit, die regelrecht Loriot-Format hatten und auch unsere türkischen Nachbarn zum Schmunzeln brachten. Interessant war, dass alles mühsam auf Türkisch abgelesen

wurde und man zu „*Allah*" und nicht zu „*Tanrı*"
(Gott) betete. Auch „Stille Nacht" sangen wir auf
Türkisch, also auf die Worte: „*Sakin gece, kutsal
gece*". In der Predigt, die auf Italienisch gehalten
und fast simultan von einem jungen Türken übersetzt wurde, war wenig Gehaltvolles, aber doch einiges Wissenswerte zu erfahren, nämlich z. B. dass
eines der ersten und wichtigsten Konzile der Chris-
tenheit im 5. Jahrhundert in *Kadıköy* (Istanbul) abgehalten wurde oder auch dass Paulus und Noah aus
Anatolien stammten.

Nach dem Gottesdienst wurden wir alle noch zu
einem Gruppenfoto in den Altarraum gebeten, wohl
deshalb, weil noch nie so viele Menschen in der Kirche waren, und dann lud uns der Pfarrer sogar zu
einem üppigen Abendessen in seine ebenfalls eiskalte
Wohnung ein. Interessant war für uns vor allem, dass
außer uns, einem deutschen Archäologen und einer
koreanischen Familie keine Ausländer da zu sein
schienen, dass es also offensichtlich auch türkische
Christen in Samsun gibt, die ohne irgendwelche Be-
hinderungen (ich denke nicht, dass die Kirche aus
lauter Schikane so kalt war) ihren Glauben praktizie-
ren können. Kürzlich hörte ich, dass es im Raum
Bafra (also nicht weit von Samsun) noch 70 Kirchen
gibt, von denen viele auch noch in Betrieb sind. Da ist
es dann schon etwas verwunderlich, wenn ich im Internet lesen muss, dass in der Schweiz eine Volksab-
stimmung wegen vier Minaretten abgehalten wurde!
Ich genieße an Samsun die Ruhe, die einem in Istan-

bul doch manchmal fehlt, die Gelassenheit und Herzlichkeit der Menschen. Es ist herrlich, auf dem Balkon zu sitzen, dem Klappern der *tavla*-Würfel (Backgammon-Würfel) und *okey*-Steinchen (Brettspiel, ähnlich dem Kartenspiel Rommé) unten im Café zu lauschen und die paar Menschen zu beobachten, die sich an den Sportgeräten am Strand zu schaffen machen (mitunter ist es recht amüsant mitanzusehen, wie zum Teil gänzlich verhüllte Frauen sich dabei abmühen, ihre Kopftücher nicht unschicklich verrutschen zu lassen).

Irgendwie wird es nie langweilig, auf das Meer zu schauen, sein Farbenspiel und seine tausend Gesichter zu bewundern. An manchen Tagen plätschern die Wellen mit einer solchen Ruhe und Gleichmäßigkeit an den Strand, als ob das Meer Mittagsschlaf halten und nur träge vor sich hin schnarchen würde. An anderen Tagen tobt es – vor allem im Winter – so stark, dass die Brandung noch bei geschlossenem Fenster zu hören ist und die Wellen fast bis zur Straße krachen. Morgens liegt es dann meist wieder glatt und ruhig ausgestreckt da wie ein See, der niemandem etwas anhaben kann, und an manchen Tagen ist es schwach gekräuselt wie die Plastikfolie, die in der Augsburger Puppenkiste als Meer herhalten muss. Im Winter weht oft ein stürmischer Wind, und ich liebe es dann, am Strand entlang zu spazieren. Wenn es in den Bergen regnet, färbt sich das Wasser braun von den in den Flüssen mitgeführten Schlammmassen, an anderen Tagen wiederum leuchtet es türkisblau wie in der Ägäis. Und wenn sich draußen auf dem Meer die Regenwolken formieren und am Strand noch die Sonne scheint, möchte man sich gar nicht losreißen müssen von dem beeindruckenden Farbenspiel und kann sich gut vorstellen, dass hier tatsächlich (wie viele Türken behaupten) die Sintflut ihren Anfang genommen hat.

Man möchte stundenlang diese Spätnachmittage genießen, am Strand sitzen und auf ein unendlich bedächtiges Meer schauen, das gespannt dem betörenden Klang des Spätsommers zu lauschen scheint und dessen Konturen am Horizont mit denen des Himmels verschwimmen. Das träge Plätschern der Wellen hört sich an wie die Atemzüge von Jahrtausenden. Selbst die sonst so geschäftigen Silbermöwen sitzen weit entfernt andächtig auf dem Wasser. Die Sonne hat alles Fordernde, Drängende der vergangenen Sommermonate verloren, steht schon tief, knapp über den Bergen, und taucht die Szene in ein warmes, besänftigendes Licht. In solchen Momenten scheint alles perfekt, alles an seinem Platz zu sein.

Kapitel 10

„*Yarasın* – wohl bekomm's!"
Eindrücke aus einem anatolischen Bergdorf

E s ist zwölf Uhr nachmittags, brüllend heiß. Der vollklimatisierte Bus, der mich soeben mitten auf der Landstraße ausgespuckt hat, dampft weiter Richtung Ankara und hüllt mich in eine dichte Staubwolke ein. Ich beschließe, auf dem Marktplatz auf meinen Freund Ali zu warten, der mich schon so oft zu sich in sein Dorf eingeladen hat und dessen Einladung ich erst jetzt, nach dreieinhalb Jahren, annehmen kann.

Der Markt ist unglaublich bunt, lebendig und voll. Ich habe noch nie so kunstvoll gestapelte Massen Peperoni gesehen, solche Berge voller Honigmelonen, denen die Verkäufer Namen von Popstars gegeben haben, um sie besser verkaufen zu können, solche Lastwagen voll mit kiloschweren Wassermelonen.

Bald finde ich meinen Freund, wir bummeln zum nächsten Lokal, treffen unfassbar viele Verwandte von Ali – die allermeisten Cousins – auf der Straße, ich schüttele Hunderte Hände und küsse unzählige fremde, bärtige Wangen. Schließlich sitzen wir irgendwo mitten in *Gümüşhacıköy*[47] in einem billigen *lokanta* (einfaches Restaurant), schlürfen Suppe und trinken *rakı*. Schon hier werden die Unterschiede zu Samsun, aber auch zu Istanbul deutlich: Überall wird Alkohol ausgeschenkt und getrunken, man wünscht sich kein „*selamünaleyküm!*" („Friede sei mit dir!") oder „*şerefe!*" („Prost!"), sondern ein herzliches „*yarasın!*" („Wohl bekomm's!"). Wir befinden uns in einem alevitischen Dorf! Hier trägt man Kopftücher eher zu Arbeitszwecken, und der Imam ist nach Aussagen der Dorfbewohner der Einzige, der die Moschee je betritt. Obwohl Aleviten[48] in der Regel nicht in der Moschee beten, hat der Staat zum Zwecke der Assimilierung in jedem Dorf eine bauen lassen und Imame dorthin verpflanzt. Nun macht sich das halbe Dorf lustig über den wohl etwas senilen Mann, weil er oft die Zeiten verwechselt und manchmal mitten in der Nacht zum Gebet ruft, weil er das Abendgebet verschlafen hat. Wenn der Arme zum *ezan* (Gebetsruf) ansetzt, dann erntet er als Reaktion nur das Geheul sämtlicher Hunde bis hin zu den Nachbardörfern. Irgendwie kann man es ihm bei dieser mangelnden Wertschätzung nicht verübeln,

---

[47] Kleinstadt in der Provinz *Amasya*
[48] Zweitgrößte Religionsgruppe der Türkei. Die Mehrheit der für Sunniten und Schiiten geltenden Verbote und Gebote aus dem Koran werden von Aleviten nicht befolgt. Ziel eines Aleviten ist die Erleuchtung durch z. B. Nächstenliebe, Bescheidenheit und Geduld.

dass er seinen Gesang fast schon grotesk abkürzt und nicht – wie in Istanbul oder anderswo – schön verziert, verschnörkelt und vertrillert auf mehrere Minuten ausdehnt, sondern in knapp 30 Sekunden schmucklos über die Bühne bzw. den Minarett-Lautsprecher bringt.

Bald stellt sich auch heraus, dass der Dialekt dieser wunderbaren Menschen eine echte Bewährungsprobe für meine Türkisch-Kenntnisse darstellt! Ich kann tatsächlich oft beim besten Willen keines der Worte verstehen, das durch die meist zahnlosen Münder hervorgekaut wird, und bin froh, dass Ali mir fortwährend von Türkisch auf Türkisch übersetzt.

Nach unserem hauptsächlich flüssigen Mittagessen fahren wir in Alis Dorf, das bezeichnenderweise auch den Nachnamen meines Freundes trägt, da aufgrund der eng verwobenen Verwandtschaftsverhältnisse (um es ganz vornehm auszudrücken) fast jeder Bewohner sowieso denselben Nachnamen hat. Dieser idyllisch gelegene Flecken, auf dem man noch Bauern auf Eseln begegnet, ist umringt von Pinienhainen und Opium- (oder Schlafmohn-)Feldern, die starker staatlicher Kontrolle unterliegen. Tatsächlich wurden wohl erst kürzlich 80 Bauern in Nachbardörfern verhaftet, weil sie zu viel Opium angebaut hatten, es zu Heroin verarbeiten und damit mit einem Schlag aus ihrem doch eher ärmlichen Bauerndasein ausbrechen wollten. Die saftige, weite, fast unberührte Landschaft will nicht so recht zusammenpassen mit einer eher bedrückenden Trostlosigkeit, die einem in den Dörfern begegnet. Sie sind hoffnungslos überaltert, „unser" direktes Nachbardorf gar ist komplett ausgestorben: Die jungen Leute mussten sich schon vor Langem auf der Suche nach Arbeit auf den Weg nach Istanbul oder noch weiter machen, und diejenigen von ihnen, die ich auf ihrem Heimaturlaub kennengelernt habe, sind voller Sehnsucht und Heimweh. Zurück bleiben die alten Bauern, die oft nicht mehr ihre Höfe betreiben können und – wie Alis Vater – das ganze Vieh verkaufen mussten. Diese von der harten Arbeit und dem rauen Wetter gezeichneten und oft sehr früh gealterten Menschen sitzen dann stundenlang in Teehäusern, spielen Karten, trinken literweise Tee und erzählen sich Geschichten. Es scheint übrigens ein ungeschriebenes Gesetz zu geben, dass Männer über Vierzig die typische Schirmmütze tragen und sie praktisch nie abnehmen (ich habe mich tatsächlich gefragt, ob sie von dem einen oder anderen sogar im Bett getragen wird!). Für mich ist der tiefere Sinn und Zweck dieser Kopfbedeckung ein kleines Rätsel, das sich erst am letzten Abend löst, als sich eine Fliege in unser Wohnzimmer verirrt und Alis Vater mit einer für sein Alter verblüffenden Flinkheit seine Mütze nimmt und den Störenfried damit in Sekundenschnelle ins Jenseits befördert. Das sind übrigens die einzigen Sekunden, in denen ich ihn ohne Kopfbedeckung gesehen habe. Auf die Frage nach seinem

Alter stellt sich heraus, dass das niemand mehr so genau weiß, offenbar wurde früher nicht so viel Wert auf Spitzfindigkeiten wie Geburtsdaten gelegt!

Die Frauen hingegen sitzen abends irgendwo im Dorf auf Kissen zusammen, breiten ihre unglaublich weiten Beinkleider aus (deren Schritt oft bis fast zu den Knöcheln reicht) und bereiten Tee im *semaver* (Samowar) zu. Gegessen wird meistens gemeinsam mit den Verwandten, also mit nahezu dem ganzen Dorf. Am ersten Abend sind wir alle zusammen beim *muhtar* (Dorfbürgermeister), am folgenden Tag gibt es ein umwerfendes Picknick. Berge unterschiedlicher Speisen werden auf einem einfachen Tuch auf dem Boden ausgebreitet, und natürlich ist fast alles aus eigener Herstellung und vorzüglich. Gerne wäre ich Zeichner, um die ausdrucksstarken Gesichter festzuhalten, deren zerfurchte Züge und von mächtigen Brauen beschützte Augen derart viel Lebensweisheit, Genügsamkeit und Güte gespeichert haben. Auch der Respekt vor anderen Menschen – gerade vor den Alten – ist überwältigend: Nach alter Tradition werden stets die Hände älterer Menschen geküsst und dann an die Stirn geführt. So „zurückgelassen" sich viele hier vielleicht fühlen mögen, glaube ich dennoch, dass Alt-Sein mit sehr viel Würde verbunden ist, und manchmal wirkt es wie ein Ältestenrat, wenn sich die betagten Bewohner abends auf dem Dorfplatz zusammenfinden und das letzte Glas Tee des Tages trinken.

Dann eine Gastfreundschaft, die ich ja schon kenne, die mich aber trotzdem immer wieder beschämt: In diesen vier Tagen kann ich trotz heftigen Protestes nicht einmal einen Tee oder etwas anderes bezahlen, es ist einfach nicht möglich. Selbst der *bakkal* (Krämer), bei dem ich am letzten Abend für mich und Ali noch ein paar Bier kaufen will, lässt sich von mir kein Geld geben, weil ich Alis Freund und ein Gast im Dorf sei!

Das Leben im Dorf ist sehr, sehr einfach und dennoch erstaunlich gemütlich. Im Haus liegen überall bequeme Teppiche aus, und anstelle einer Dusche gibt es vor dem Haus einen Waschraum, den man mit einem Holzofen vorheizt und der dann den Charakter eines Mini-*hamams* – also eines Dampfbads – bekommt, in dem man sich das Wasser mittels einer kleinen Schöpfkelle über den Kopf gießt.

Am Samstag stehen wir schon früh um fünf Uhr auf und machen uns ohne Frühstück auf den Weg zum Viehmarkt, um ein Lamm zu erstehen. Dort sind Hunderte Schirmmützen zu sehen, die wild gestikulierend miteinander handeln, unzählige verwirrte Pferde, Esel, Kühe und vor allem Schafe, Schafe, Schafe. Nach langem, aufgeregtem, fachmännischem Feilschen entscheiden wir uns schließlich für ein 18 kg schweres Prachtexemplar von einem Lamm, das glücklicherweise nicht weiß, welche Casting-Show es da gerade gewonnen hat. Der Handel wird stets durch einen Zeugen beglaubigt, der seine Hand auf die eingeschlagenen der Handelspartner legt. Dann wird so kräftig geschüttelt, dass man befürchtet, die eine oder andere zusätzliche Keule könnte vielleicht auch noch im Ofen landen. Danach wird dem armen Tier die Kehle fachgemäß durchtrennt (diesem Spektakel bleibe ich als Vegetarier dann doch lieber fern), und schon wenig später verstauen wir das gehäutete und – bis auf Leber und Hoden – ausgenommene Tier im Kofferraum und bringen es zu einem befreundeten Metzger. Dieser zerlegt in Windeseile den Fleischkoloss in kleine Portionen und unterbricht seine Arbeit nur, um mich wiederholt ungläubig und kopfschüttelnd anzustarren. Mein Freund hat ihm nämlich erzählt, dass ich kein Fleisch esse. Als er daraufhin seine Fassung nach einigen Minuten wiedererlangt, fragt er mich, ob ich verheiratet sei. Als ich verneine, meint er: „Na, siehst du! Da hast du's!" Nun habe ich also auch auf diese Frage eine Antwort gefunden!

Nachmittags fahren wir dann alle zusammen in die Berge oder besser gesagt: auf die knapp 2000 Meter hoch gelegenen Almen. Dort, am Waldrand, wird ein riesiges Feuer gemacht, und auf dem großen Teppich werden neben dem zubereiteten Lammfleisch Unmengen Gemüse, Brot, Joghurt, Obst, Käse, *rakı* und Honig ausgebreitet.

Nach dem Essen bittet mich Alis Vater mit seiner nuschelnden, brüchigen Stimme, mit ihm zu kommen, er möchte mir etwas zeigen. Wir spazieren durch ein kleines Wäldchen auf eine Anhöhe, von wo wir plötzlich eine herrliche Aussicht haben. Den Geschmack von *rakı* und frischem Joghurt noch auf der Zunge, blicken wir in ein weit geschwungenes, sanftes Tal, über dem Adler kreisen und in dem vereinzelt Viehherden weiden, und ich kann verstehen, warum Alis Vater und die anderen Bauern des Dorfes diesem Platz den Namen „Schoß des Paradieses" verliehen haben.

Kapitel 11

„... bis Gläser zerspringen"
Abenteuer Operngründung

Eine Oper aus dem Nichts an einem Ort aufzubauen, an dem wohl die meisten Menschen noch nie etwas von Oper und Ballett gehört hatten, das war für mich eine sehr spannende und unvergleichbare Erfahrung. Als ich das erste Mal nach Samsun kam, um das *Atatürk Kültür Merkezi* – unser zukünftiges Opernhaus – in Augenschein zu nehmen, da spielten noch Horden von Kindern Tischtennis im späteren Orchesterproberaum, in anderen Räumen wurde *bağlama*[49]-Unterricht gegeben; das Haus war kalt, kaum benutzt, grau und unwirtlich. Wir sollten es nach und nach mit Leben füllen, und ich erinnere mich noch gut an den Tag, an dem die Solistin (am Anfang war es tatsächlich nur eine einzige), die Orchester- und Chormitglieder angereist kamen und nach einer Begrüßung und den nötigen Formalien mitsamt Gepäck im strömenden Regen standen und nicht wussten wohin, weil sie dem Ge-

---

[49] Türkische Langhalslaute

99

rückt aufgesessen waren, dass sie nur zu unterschreiben bräuchten und dann erst mal wieder zurück in die Heimat fahren könnten.

In aller Unbescheidenheit kann man doch sagen, dass wir in diesen ersten Wochen und Monaten Erstaunliches geleistet haben. Jeder hat mit angepackt, Pauken über die Stockwerke transportiert, Noten kopiert, Notenständer geschleppt, weil wir noch keine Orchesterwarte hatten, und ich selbst sehe mich noch Packen eingekauften Toilettenpapiers, Seife und Papiertücher auf dem Fahrrad zur Oper balancieren, weil es selbst daran fehlte.

Unsere erste Premiere war „Die Entführung aus dem Serail", und wir waren alle ganz erfüllt von dem wunderbaren Gefühl, in dieser Stadt zum ersten Mal eine Oper von Anfang bis Ende aufzuführen. Wenn man dann sieht, dass die Ränge bis zum letzten Platz ausverkauft sind, dass später – etwa bei der Premiere und Gala von „Traviata" – sich riesige Schlangen bilden und viele Menschen wieder nach Hause geschickt werden müssen, wissen wir, dass wir hier vielleicht mehr gebraucht werden und die Menschen uns auch dankbarer begegnen als in Istanbul oder Ankara. Wir brachten in relativ kurzer Zeit eine Vielzahl unterschiedlicher Opern- und Ballett-Premieren und Konzerte auf die Bühne und spielten bald schon jede Woche drei oder vier Vorstellungen. Auch das Publikum war von Anfang an viel interessierter und aufgeschlossener, als wir vermutet hatten, und mir machte es besonders Spaß, z. B. die befreundeten Kellner in meinem Lieblings-Teehaus in Vorstellungen zu schleppen und davon zu überzeugen, dass Oper nicht bedeutet, dass „dicke Frauen so laut und hoch singen, bis Gläser zerspringen" – eine Definition von Oper, die ich mehr als einmal in Samsun zu berichtigen versuchte.

Natürlich mussten wir auch in Samsun oft mit den typisch türkischen System-Problemen kämpfen: mangelnde oder schlechte Planung, streng hierarchische Strukturen, Allmacht des Intendanten, wenig nachvollziehbare Direktiven aus Ankara, schlechte Bezahlung etc. Nur ein paar Highlights seien erwähnt: Kurz vor der ersten Probe kamen einige Orchestermitglieder zu mir und erklärten, sie bräuchten dringend Instrumente; nun seien sie zwar hier, hätten aber keine Instrumente, auf denen sie spielen könnten. Es ist in der Türkei offenbar üblich, dass Hochschulen, Sinfonieorchester und Opernhäuser die Instrumente der Mitglieder stellen. Das war mir völlig neu, und so starteten wir in die ersten Proben ohne eine einzige Oboe und mit nur einem Fagott. Der zweite Fagottist saß noch wochenlang in den Proben auf seinem Platz und hörte aufmerksam den anderen zu, weil er über kein Instrument verfügte. Wir hatten kein Geld für Aushilfen, dafür aber eine fest angestellte, verbeamtete Masseuse und einen Geigenbauer, der täglich erschien, um den Zustand der Instrumente zu überprüfen. Wenn man mit dem Intendanten sprechen will oder eine Sitzung mit ihm hat, dann liegen auf seinem Schreibtisch fein säuberlich aufgereiht fünf Telefone, die dann auch prompt der Reihe nach klingeln. Natürlich ist jedes Gespräch von immenser Bedeutung und kann nicht aufgeschoben werden. Wenn der Generalintendant aus Ankara eintrifft, steht schon fünf Minuten vorher die gesamte Führungsriege in Anzug und Krawatte Spalier, und nur er selbst bleibt locker und meint, er müsse jetzt erst einmal eine Zigarette im Zimmer unseres Intendanten rauchen. Letzterer hat eigentlich als militanter Nichtraucher seit Monaten versucht, das Rauchverbot im Haus durchzusetzen und hohe Strafen bei Nichteinhaltung angekündigt, schluckt nun aber nur kurz und bitter, öffnet das Fenster und beugt sich ansonsten katzbuckelnd der hierarchischen Grundordnung. Dann beginnt ein sehr belustigendes Spiel um die Sitzordnung: Da der stets erhöhte Platz am Schreibtisch ja eigentlich dem Intendanten vorbehalten ist, sich dieser aber sichtlich unwohl fühlen würde, müsste sein Vorgesetzter auf einem niedrigeren Stuhl sitzen, vollführen beide einen schon fast kultisch anmutenden Tanz um den Schreibtisch – „Reise nach Jerusalem" auf Türkisch gewissermaßen!

Zu dieser auch in Samsun von Anfang an fest betonierten Hierarchie an Opernhäusern gehörte dann wohl auch, dass sich unser Intendant erst einmal ein mit allem Schnickschnack opulent ausgestattetes *Serail* (orientalische Fürstenresidenz) als Büro einrichten ließ, während es für Zuschauer noch nicht einmal eine Garderobe gab und die Toiletten in einem erbärmlichen Zustand waren.

Aber wie gesagt: Die positiven Aspekte überwogen für mich bei Weitem, und vor allem die Arbeit mit den jungen, motivierten, guten Musikern in Chor und Orchester machte einfach Spaß. Auch außerhalb der Oper herrschte eine hervorragende Stimmung, wir gingen regelmäßig zusammen Essen, Fußballspielen oder ins *hamam* (Dampfbad), und die Grüppchenbildung, die wohl unvermeidbar in jedem Orchester irgendwann einsetzt, hatte noch nicht Einzug gehalten.

Etwas, das mich wirklich umgehauen hat, war die Herzlichkeit und Ungezwungenheit des Publikums. Bei einem Mozart-Gesprächskonzert etwa, bei dem ich versuchte, die Besonderheiten der gespielten Sinfonie den Zuhörern näherzubringen, betonte ich ein Wort offenbar falsch, was zu herzhaftem Lachen im Publikum führte und mir nicht etwa zum Nachteil gereichte, sondern im Gegenteil viele Sympathien einbrachte. Bei einem Frühjahrskonzert standen türkische Walzer als Zugabe auf dem Programm, und ich drehte mich am Schluss zum Publikum um und sang aus Spaß lauthals „*Gamze, Gamze*"[50] mit. Als ich am nächsten Tag am Strand spazieren ging, sah ich von Weitem eine Gruppe Jugendlicher beim Grillen, sie winkten mir zu und sangen über den ganzen Strand hinweg „*Gamze, Gamze*". Kurz und gut: Es herrschte eine wunderbar relaxte Stimmung! Bei Vorstellungen gab es ständig Zwischenapplaus für hohe Töne des Tenors, schwierige Koloraturen der Sopranistin oder einfach nur für ein schönes Bühnenbild. Die Menschen nahmen völlig unvoreingenommen Musik und Oper auf, und viele kamen nach der Vorstellung zu uns auf die Bühne, wollten Fotos mit uns und ihren Kindern machen und bedankten sich bei uns, wir hätten ihnen so viel Schönes, Wertvolles nach Samsun gebracht.

---

[50] Textzeile aus einem Lied von Sezen Aksu

Kapitel 12

Güzel komşuluk[51] oder Mahalle baskısı[52]
Persönliche Eindrücke von einer Gesellschaft zwischen Facebook und Koran

Eines Tages fragte mich ein Nachbar in Samsun, seines Zeichens Soziologieprofessor an der Uni, ob ich nicht Lust hätte, ein Seminar an seiner Fakultät über die kulturellen Unterschiede zwischen Deutschen und Türken zu halten. Ich sagte gleich zu, war das doch ohnedies ein Thema, das mich praktisch jeden Tag beschäftigte. Ich schrieb den Studierenden verschiedene „Topics" an die Tafel, und mir wurde erst da so richtig klar, dass es für mich eigentlich zu jedem Thema, zu jedem Kapitel, das man aufschlagen möchte, zwei Seiten einer Medaille gibt, sich widersprechende Aspekte und eigentlich nie ein „Das finde ich in Deutschland besser, das gefällt mir mehr an der Türkei".

Natürlich kommt einem als erstes Klischee in den Sinn, dass in Deutschland alles geordneter, geregel-

---

[51] Schöne Nachbarschaft
[52] Sozialer Druck (der Nachbarschaft)

ter und deshalb einfacher abläuft. Das stimmt ja auch im Großen und Ganzen, und jeder, der sich über die Bürokratie auf deutschen Ämtern ärgert, sollte erst einmal mit dem Zollamt in Samsun Bekanntschaft machen. In der Tat ist es doch eigentlich sehr erfreulich, wie sehr sich Internet und Computer auf deutschen Ämtern durchgesetzt haben und unser Leben erleichtern. Hat man in Deutschland jedoch z. B. eine ungewöhnliche Adresse, eine Straße ohne Hausnummer, dafür aber mit einem Zusatz c/o oder Ähnlichem, dann stößt dieses System schnell an seine Grenzen, da alle Formulare im Internet exakt drei Zeilen besitzen, nämlich: Name, Straße/Hausnummer, Postleitzahl/Wohnort. Das scheint völlig normal, doch weicht die Adresse von dieser Norm ab, ist es, als würde man das nächste Weinfass oder eine Autobahnbrücke als Adresse angeben. Kommt man aus einem Land, in dem an fast jedem Haus mindestens zwei Hausnummern stehen – eine für die alte Zählung und eine für die neue –, dann muss man sich daran erst wieder gewöhnen. In Samsun hatte ich sogar den Luxus, nicht nur zwei Hausnummern, sondern auch zwei Straßennamen zu besitzen: *Kalamış sokak* und *214. sokak.* Im Zweifelsfall gibt man dann einfach immer alles an, das kann nie schaden. In der Türkei kennt eigentlich kaum jemand seine eigene Postleitzahl, weil diese im täglichen Leben praktisch nicht existent ist. Ich habe Adressen auf Briefumschlägen gesehen, die ungefähr so lauteten:

Mehmet, der Sohn vom Ali
Von der Cumhuriyet-Straße runter nach
Dolapdere
2. Straße rechts
Zwischen Friseur und Kebapçı auf der linken
Seite
4. Stock, linke Tür
Elmadağ
Taksim
İstanbul
Türkiye

Und solche Briefe kommen an!

Und so ist es eben oft dieses „Auslegen" von Regeln, dieser „weiche" Umgang mit Verordnungen, der das Leben hier so schön, so menschlich, so leicht macht. Ich erinnere mich, dass ich mit einem Freund einmal verzweifelt einen Parkplatz in der Innenstadt von Samsun gesucht habe und er dann direkt vor der Haupt-Polizeiwache parkte, vor der ein Polizist mit automatischem Gewehr im Anschlag über den mit einem Wald von Parkverbotsschildern dekorierten Vorplatz Wache hielt. Mein Freund redete kurz auf den Polizisten ein, dass ein deutscher Dirigent hier dringend etwas erledigen müsse, und wir konnten auf dem sichersten, aber wohl sicher unmöglichsten Parkplatz Samsuns stehen bleiben.

Einmal geriet ich kurz vor einem Auftritt in eine Polizeikontrolle. Der Polizist fragte nach meiner Versicherung, und erst da fiel mir ein, dass ich die vergessen hatte abzuschließen. Er fragte mich, ob ich Ausländer sei und wie ich Türkisch gelernt hätte, erwähnte noch kurz einen Verwandten in Heilbronn und winkte mich dann freundlich weiter. Aber natürlich – diese subjektive Auslegung von Regeln und Gesetzen hat ihre Nachteile: Nicht jeder hat einen Ausländer-Bonus, nicht jeder hat einen Freund, der einem weiterhelfen kann, nicht jeder einen „Papa, der Bürgermeister ist", wie man hier zu sagen pflegt.

In der Türkei – vor allem in staatlichen Einrichtungen wie der Oper – ist *torpil* (Vetternwirtschaft) ein weit verbreiteter Virus und meiner Meinung nach ein wesentlich größeres Problem als Korruption. Im staatlichen Musikbetrieb (über diesen kann ich nun mal am besten urteilen) verhindert *torpil* eine Weiterentwickelung hin zu wirklich europäischen Standards, zerstört die Motivation vieler Kollegen, ist letzten Endes schlicht ungerecht und destruktiv. Viele Kolleginnen und Kollegen haben den Eindruck, es könne wichtiger und sinnvoller sein, mit den richtigen Leuten Tee oder *rakı* zu trinken, als Partien zu studieren und fleißig zu üben.

Doch auch hier gibt es wieder eine schöne, menschliche Kehrseite des Phänomens, da *torpil* doch nur deshalb so weit verbreitet ist, weil Hilfsbereitschaft einen derart hohen Stellenwert in der türkischen Gesellschaft besitzt und soziale, vor allem familiäre Netze noch stramm gespannt sind und halten. Und so hat auch mir meine Vernetzung das Leben einfacher gemacht. Freunde haben mir Zahnärzte empfohlen, bei denen ich eine Vorzugsbehandlung genießen durfte und nicht stundenlang im Wartezimmer warten musste. Andere setzten sich bei bekannten Wohnungsvermietern für mich ein oder hatten einen Verwandten beim Zoll, der mir bei meinen endlosen Problemen dort helfen konnte.

Auch im Hinblick darauf, was Planung angeht (ein weiteres Stichwort meines Vortrages in dem Soziologieseminar), gibt es Für und Wider: Habe ich bei der Arbeit Planungssicherheit und eine gewisse Vorlaufzeit in der Disposition immer vermisst, so durfte ich im Gegenzug die Spontaneität im Privaten in vollen Zügen genießen. Nach einer Abendvorstellung „Entführung aus dem Serail" im *Topkapı Sarayı,* zu der ich einige Freunde und Nachbarn eingeladen hatte, standen wir endlos lange im Stau und kamen erst gegen zwei Uhr nachts im *Arif Paşa Apartmanı* an. Jemand meinte, er habe noch Hunger, alle verschwanden kurz in ihren Wohnungen, kochten irgendetwas, und schon wenig später saßen wir alle zusammen bei uns und feierten. Ich vermute, man würde ausgelacht, wenn man sich hier – wie in Deutschland doch durchaus üblich – für den kommenden Donnerstag zum Kino verabredete, weil man sich doch überhaupt nicht sicher sein kann, ob man am kommenden Donnerstag Lust auf Kino oder aber auf etwas anderes hat.

Überall in der Türkei sind die *mahalle,* das Viertel, in dem man lebt, und die Nachbarschaft von großer Bedeutung. In Samsun freut man sich herzlich, wenn ich nach einem Kurzurlaub wieder angekommen bin; jeder in der Nachbarschaft scheint gemerkt zu haben, dass ich weg war.

Auch in Istanbul weiß unser *bakkal Memiş,* unser Krämer, genauestens Bescheid, wer in der Nachbarschaft krank ist, er bringt alten und kranken Menschen die Einkäufe selbst vorbei. Es ist schön, ein solches Netz um sich zu haben, aber es kann auch anstrengend sein: So musste ich mich morgens stets fünf Minuten vor meiner Freundin aus dem Haus schleichen, weil keiner der Nachbarn mitbekommen durfte, dass ich dort war. Bei meinem Umzug fragt mich der *nakliyacı* (Umzugsunternehmer, Möbelpacker) während unserer Fahrt in meine neue Wohnung, ob ich verheiratet sei, warum nicht, was ich von den türkischen Frauen halte, wo ich arbeite. Als er dann auch noch mein monatliches Einkommen in Erfahrung bringen möchte, geht mir die eigentlich in der Türkei so sympathische Neugier dann doch zu weit.

Mahalle baskısı – Druck der Nachbarschaft – ist überall zu spüren: prüfende Blicke, wenn ich Besuch bekomme, schwarze, undurchsichtige Plastiktüten für die am Kiosk gekauften Bierflaschen, ständige Fragen, warum ich noch nicht verheiratet bin. Doch die Kehrseite ist der nette Plausch mit dem Briefträger, der Obstverkäufer, der mir Kredit gewährt, wenn ich mein Geld vergessen habe, und mir hinterherrennt, wenn ich meine Pfirsiche liegengelassen habe; die unglaubliche Gastfreundschaft und Herzlichkeit der Menschen, die schon so oft besungen wurden, dass sie zum Klischee zu verschwimmen drohen, und die doch immer und allgegenwärtig in diesem Land sind. Zieht man in der Türkei in eine neue Wohnung, dann kommen die Nachbarn mit Tellern voll Gebäck zur Begrüßung, Briefträger heißen einen mit einem herzlichem *„güle güle otur"* willkommen – was ungefähr so viel heißt wie: „Wohne mit einem Lächeln", und wenn man für längere Zeit wegfährt, wird Wasser hinter dem Auto auf die Straße gegossen, um den Rückweg schon jetzt reibungsloser zu gestalten.

Auch bei Themen wie Familie, Verhältnis der Generationen etc. meine ich komplett widersprüchliche Aspekte zu erkennen. Ich kenne kaum eine Familie in der Türkei, die zerstritten oder auseinandergebrochen ist; die nicht ein steter Rückhalt ist für die Menschen, ein enges Netz, das sie immer trägt, egal was passieren mag. Es kann andererseits aber auch zum Spinnennetz werden, das einengt und gefangen hält. Mir fällt ein befreundetes, alevitisches Ehepaar ein, das mir erzählt, sie seien eigentlich Cousine und Cousin und mit 16 Jahren zwangsverheiratet worden. Man muss dazu wissen, dass das Alevitentum sich einerseits durch eine sehr liberale Auslegung des Korans auszeichnet, man andererseits aber nicht zum Alevitentum konvertieren kann, was bedeutet, dass konservative Aleviten oft keine nicht-alevitischen Schwiegersöhne oder -töchter akzeptieren, um dem Fortbestand ihrer Glaubensrichtung nicht zu schaden. Ich frage also meine zwei Freunde, wie sich diese Ehe anfühlt, und sie sagen beide übereinstimmend, dass sie seit der Hochzeit jeden einzelnen Tag darunter leiden, weil sie buchstäblich im Sandkasten zusammen gespielt und ein geschwisterliches Verhältnis zueinander hatten, um dann auf einen Schlag Ehepartner zu werden. Auf die Frage, warum sie sich dann nicht scheiden lassen, antworten sie betrübt, dass dies den Ausschluss aus der Familie, wahrscheinlich sogar aus der gesamten Dorfgemeinschaft nach sich ziehen würde.

Einmal wurde ich in einem Café in *Atakum* für eine Zeitung interviewt und fotografiert. Das Café war fast leer, nur in der hintersten Ecke saß ein junges Studentenpärchen. Am Ende des Interviews kam der Besitzer des Lokals zu mir und bat mich hinter vorgehaltener Hand, der Fotografin das Versprechen abzuringen, kein Foto zu veröffentlichen, auf dem die beiden eventuell im Hintergrund zu sehen sein könnten. Ihre Familien dürften nicht wissen, dass sie sich treffen.

Zwangsläufig führt dieser hohe moralische Druck natürlich auch zu Lügen und Versteckspielen, oft habe ich aber das Gefühl, dass die Eltern vieles ahnen, aber lieber nicht so genau wissen wollen und daher auch Unehrlichkeit und Verschlossenheit der Kinder billigend in Kauf nehmen. Auf der anderen Seite ist es schön zu erleben, wie viel Respekt Eltern, aber auch Lehrern, Professoren und ganz allgemein älteren Menschen entgegengebracht wird.

Vergleiche ich die Erzählungen vieler deutscher Freunde im Lehrerberuf über teilweise katastrophale Zustände in Klassenzimmern, mangelnde gesellschaftliche Wertschätzung ihrer Profession etc. mit meinen Erfahrungen als Dozent für Orchesterleitung am Konservatorium, dann glaube ich, manch einer würde die Voraussetzungen an türkischen Schulen und Universitäten als paradiesisch preisen: Man wird stets, auch auf der Straße, mit *hocam* begrüßt, einem Wort, das nicht nur für Lehrer benutzt wird, sondern auch für religiöse Führer und Imame. Ich habe den Eindruck, dass der *hoca* – sei er nun geistlicher oder weltlicher Lehrer – die wichtigste, respektabelste Person im Dorf oder in der *mahalle* ist. Das ist vor allem für mich als Lehrer natürlich sehr angenehm, führt aber im Umkehrschluss oft dazu, dass die Meinungen der Lehrer und Eltern, später der Vorgesetzten und Intendanten, meiner Erfahrung nach oft viel zu wenig kritisch hinterfragt werden, sodass man – ganz allgemein gesprochen – vergleichsweise wenig Diskussionsbereitschaft in weiten Teilen der Gesellschaft vorfindet. Nicht von ungefähr gibt es im Türkischen interessanterweise für das Wort „Diskussion" keine richtig passende Übersetzung, weil „*tartışmak*" eigentlich eher „streiten" bedeutet, also negativ besetzt ist.

Dann jedoch bin ich wieder völlig begeistert von außerordentlich höflichen, freundlichen Jugendlichen in diesem Land. Ich kann mich nicht erinnern, in diesen sechs Jahren auch nur einem einzigen pöbelnden oder flegelhaften Teenager begegnet zu sein. Als ich in Istanbul eines Nachts früh um drei vor meiner Haustür eine Gruppe 17- oder 18-Jähriger sehe, einer sich umdreht und ein paar Meter vor mir ausspuckt, entschuldigt sich jeder Einzelne bei mir: Man hätte mich nicht kommen sehen, und ich solle das nur nicht als Respektlosigkeit oder Unfreundlichkeit deuten. Ein paar Jahre später treffe ich im Urlaub in *Kaynarpınar* an der ägäischen Küste eine Gruppe Pubertierender, welche sich in einer Weise höflich, neugierig und aufgeschlossen stundenlang mit mir unterhalten, wie ich das in Deutschland nie erlebt habe.

Überhaupt mag ich diesen Hang zum ungezwungenen Gespräch auch mit wenig bekannten Menschen, diese ganz andere Kommunikationskultur, die manch einem arroganten Westeuropäer vielleicht oberflächlich erscheint, die aber das Leben oft so wunderbar überraschend und spannend macht. Das betrifft nicht nur die Freude am Feilschen auf den Basaren. Im Grunde genommen ist ein Großteil auch des öffentlichen Lebens von dieser Freude am Gespräch bestimmt, baut darauf auf. Ich glaube zum

Beispiel nicht, dass es irgendwo einen Plan gibt, wo genau welcher *dolmuş* am *Taksim* losfährt. Auch eingefleischte Istanbuler wissen das oft nicht und raten mir, mich einfach durchzufragen, was tatsächlich mehr Spaß macht, als nur irgendeinen Fahrplan zu lesen wie in anderen Metropolen. Beim Einkauf sollte man stets beachten, dass bestimmte Stadtteile sich auf gewisse Artikel spezialisiert haben. In einer Unterführung nahe dem Aquädukt in Istanbul stehen unzählige Fahrräder zum Verkauf, am *Tünel* gibt es Dutzende Geschäfte für Musikinstrumente, weiter unten in *Karaköy* dann Waschmaschinen, Sanitärartikel, Werkzeuge. Geht man Richtung *Tophane,* findet der Angler und Seemann wiederum alles, was er braucht. Das Prinzip ist denkbar kundenfreundlich: Man hat die Konkurrenz direkt nebenan, kann Preise vergleichen und fragt sich einfach durch, wenn man etwas Ausgefalleneres erstehen möchte. Bringt man etwas Zeit mit, kann ein solcher Einkaufsbummel zu einem wirklich unterhaltsamen Erlebnis werden, weil man in fast jedem Laden zu einem Glas Tee und einem gemütlichen kleinen Plausch eingeladen wird.

Die Zeit des *ramazan* habe ich immer sehr genossen. *Ramazan* bedeutet nicht nur Fasten, es sind auch Wochen der Solidarität, der inneren Einkehr und der Entschleunigung. Eine angenehm besinnliche, feierliche Ruhe legt sich dann über sonst hektische Stadtteile wie ein warmer, weicher Teppich. Nur früh morgens ziehen Trommler lauthals schreiend durch die Gassen, schleudern gänzlich unverständliche Phrasen gegen die Häuserwände, die nur bewirken sollen, dass die Bewohner rechtzeitig vor dem Morgengebet aus den Federn kommen und sich noch ordentlich den Bauch vollschlagen können, bevor das Hungern wieder losgeht. Tagsüber fällt es einem Nicht-Fastenden schwer, ein geöffnetes Restaurant zu finden, auch viele Geschäfte sind geschlossen. Dafür wird man abends oft von wildfremden Menschen zum *iftar,* zum Fastenbrechen eingeladen. Das hat bei mir immerhin dazu geführt, dass ich ein, zwei Tage mitgefastet habe, nur weil ich mir das üppige *iftar* auch verdienen und nachvollziehen wollte, wie sich das Fasten anfühlt.

Kuriose Erlebnisse während des *ramazan:*
Wir gehen in Samsun nach einer Probe ins *Yalova Gemisi*, ein Fischrestaurant, das sich vor allem bei uns aus Istanbul kommenden Kollegen großer Beliebtheit erfreut, weil es, auf einem ausrangierten Bosporus-Dampfer platziert und im Hafen schaukelnd, unsere Sehnsucht nach der alten Heimat wenigstens kurzzeitig zu stillen vermag. Wir alle fasten nicht und fragen deshalb diskret, ob es trotz *ramazan* Alkoholisches gäbe. Der Ober sagt hinter vorgehaltener Hand, es gäbe nur Wodka, kein Bier. Verdutzte Gesichter und die kuriose Erklärung folgen, dass Wodka farblos sei und von anderen Gästen für Wasser gehalten werden könne.

Ich kenne türkische Frauen, die im *ramazan* nicht im Meer schwimmen, weil sie Angst haben, sie könnten Wasser schlucken und damit das Fasten brechen. In meiner Naivität frage ich mich außerdem, was Muslime am Polarkreis machen, wenn der *ramazan* in die Sommermonate fällt und die Sonne kaum untergeht?

Freunde von mir laden mich eines Tages zum *iftar* in ihr riesiges Restaurant ein, an dem an diesem Abend kaum ein Platz frei ist. Hunderte von Menschen haben sich am Buffet die Teller vollgeladen, sitzen nun mit Gabel und Messer bewaffnet startklar und wie versteinert vor dem Fernseher, der die Zeit des Sonnenuntergangs für alle größeren Städte in der Türkei anzeigt (der an anderer Stelle erwähnte Kanonenschlag als Startzeichen zum „großen Fressen" ist in diesem Stadtteil Samsuns nicht zu hören). Es ist ein gespenstisches Bild, man hat den Eindruck, als sei ein Film plötzlich angehalten worden. Man hätte wahrscheinlich – nur mit einer Clownsmaske bekleidet – wilde Tänze vollführen können, niemand hätte auch nur für eine Sekunde den Blick von Tellern und Fernseher abgewendet.

Nachts dann endloses Klappern der *tavla*-(Backgammon-) und *okey*-Steine (Brettspiel, ähnlich dem Kartenspiel Rommé) im vollbesetzten Café unter meiner Wohnung. Nicht wenige Menschen verbringen so offenbar ihren Jahresurlaub im *ramazan*: spielen nachts, trinken Tee und essen und schlafen tagsüber. Ich weiß nicht recht, ob es mir zusteht, als

Laie in diesen Angelegenheiten zu fragen, ob das nun der Sinn des Fastens ist? Genauso wie ich nicht weiß, ob ich mein Unverständnis darüber äußern darf, dass am Opferfest unzählige Tiere geschlachtet werden und ihr Fleisch – eine zu Muhammeds Zeiten sicherlich wunderbar solidarische und vor allem für bedürftigere Mitglieder der Gesellschaft gedachte Vorschrift – auch unter Armen und Hungrigen verteilt wird, während nach dem verheerenden Erdbeben in *Van*, bei dem im Oktober 2011 Hunderte Menschen starben, noch Wochen und Monate danach Tausende in Zelten und Notunterkünften froren und hungerten und Hilfs- und Spendenbereitschaft dort sicherlich nötiger gewesen wären als in der Samsuner Nachbarschaft.

Ähnlich unverständlich ist für mich so mancher Widerspruch in Sachen Sexualmoral: Einerseits ist es für Pärchen eher unüblich, Händchen haltend oder Arm in Arm spazieren zu gehen, und Küsse in der Öffentlichkeit sind regelrecht verpönt. Andererseits flimmern in den Kneipen entweder aufreizend leicht bekleidete Mädchen über den Bildschirm, die sich zu schlechter Pop-Musik mit meist mehreren Partnern auf dem Boden wälzen, oder man ist gezwungen, die neueste Unterwäsche-Mode auf halb abgemagerten Models zu betrachten – Werbung für „Victoria's Secret" lief in Samsun wirklich in fast jeder Kneipe, wenn nicht gerade ein wichtiges Fußballspiel stattfand.

Als paradox empfinde ich es auch, dass in den Restaurants und Bars entlang der Strandpromenade fast ausschließlich Sänger auftreten, die ihre Homosexualität überraschend offen zur Schau stellten (oder aber sehr überzeugend vortäuschten), weiß ich doch von vielen schwulen Freunden, dass sie oft angefeindet werden und sich gezwungen sehen, ihre sexuelle Orientierung zu verstecken. Ich fand das immer verwirrend und konnte mir dieses seltsame Phänomen nur damit erklären, dass auch die Freundinnen von zur Eifersucht neigenden Machos (das soll es ja durchaus geben) ungestört dem Sänger zujubeln können, da ja für den Partner an ihrer Seite kein Grund zur Sorge besteht. Diese Erklärung kann aber durchaus meiner blühenden Phantasie geschuldet sein.

Alles in allem also ganz schön verwirrend!

Aber irgendwie ist es ja gerade das, was mir die Türkei auch so ans Herz wachsen ließ: das Unentschiedene, die Widersprüchlichkeit, dieses Pendeln zwischen den Welten, zwischen den Zeiten. Und so ist es vielleicht nicht überraschend, dass die meiste Musik (um auch diesen Bogen wieder zu schlagen) in der Schwarzmeer-Region aus ungeraden Rhythmen (5/8-, 7/8-, 9/8-Takten) besteht. Mein Chor legte mir tatsächlich Stücke vor, die im 15/16-Takt notiert waren, was mir doch einiges Kopfzerbrechen bereitet hat. Selbst die Musik scheint das Geradlinige, das „Quadratisch-Praktische" also zu scheuen, liebt die

Überraschung, *aksaklık*, die „Störung", die das Leben immer so schön spannend hält.

Kapitel 13

Konzerttournee in den äußersten Osten der Türkei
Eine Art Reisetagebuch

"No two people are alike.
No two hearts beat to the same rhythm.
If God had wanted everyone to be the same,
he would have made it so.
Therefore, disrespecting differences and
imposing your thoughts on others
is tantamount to disrespecting God's holy
scheme."

(Der Mystiker *Schams-e Tabrizi* aus dem 12. Jahrhundert,
nach *Elif Şafak*[53])

Über 2200 km Reise mit Omnibus und LKW (für Kulissen, Kostüme und Requisiten), sieben Vorstellungen, acht Hotels, unzählige Höhenmeter und unglaublich unterschiedliche, far-

---

[53] In *Şafak's* Roman „*Aşk*"; *Elif Şafak* ist eine türkische Schriftstellerin, die in türkischer und englischer Sprache schreibt.

bige Eindrücke liegen hinter uns. Wir haben saftiges Grün in allen Schattierungen gesehen, dichte, endlose Wälder, ein Meer von Wiesengräsern, das sich wie ein samtener Teppich sanft über die baumlose Höhenlandschaft legt, karge, braun-graue Steinwüsten, und wir haben Menschen unterschiedlichster Hautfarbe, Religion und Herkunft kennengelernt: Lasen, Georgier, Armenier, Tscherkessen, Aserbaidschaner, Kurden, Perser, ja sogar einen Deutschen; wir haben im Schwarzen Meer und im ungenießbar mineralhaltigen Van-See gebadet, aus eiskalten Bergbächen getrunken, sind an reißenden Flüssen und imposanten Wasserfällen entlang gefahren, und wir haben erfahren, was für ein wunderschönes, vielseitiges und faszinierendes Land die Türkei ist!

Von Samsun aus sind wir – ein reduziertes „Kammer"-Orchester, einige Solisten, Maskenbildner, Garderobieren und Techniker – Richtung Osten aufgebrochen, sind am Schwarzen Meer entlang bis an die georgische Grenze und dann entlang der östlichen Landesgrenze immer Richtung Süden gereist, um auch diese Ecken des Landes mit Oper und klassischem Gesang vertraut zu machen.

Ordu: Bekannte, kleinstädtische Geschäftigkeit und ruhige Strandatmosphäre; bei einer Pause auf dem Hinweg legt ein Bauer für uns große Plastikfolien unter einen Maulbeerbaum und schüttelt dann so kräftig, dass sich anschließend die halbe Busbesatzung den Bauch vollschlagen kann! Abends unsere erste Vorstellung.

Trabzon: Scheint besser und angenehmer zu sein als sein Ruf. Nicht der erwartete Industriemoloch, in dem sich nur militante Nationalisten und provokante Konservative tummeln; Trabzon wirkt ähnlich entspannt, herzlich und offen wie Samsun, nur hügeliger. Ausflug zum mächtigen, imposanten *Sümela Manastırı*, das wie in Fels gehauene, fast unerreichbar über dem Tal schwebende Kloster, das Natur gewordene Stück einer Modelleisenbahn-Landschaft. Zahlreiche Fenster überblicken das tief zerklüftete Tal, und im Innern finden sich wunderschöne, gesichtslose Fresken. Dieses Herausbrechen der Gesichter bleibt trauriger Ausdruck der muslimischen Inbesitznahme zahlreicher Klöster, Kirchen und Kapellen in der Türkei, aber vergleicht man sie mit der tagelangen Plünderung Konstantinopels durch die wahrhaft barbarischen Kreuzfahrer, so wiegt der Verlust nicht ganz so schwer und ist ja immerhin religiös bedingt und erklärbar.

Man ärgert sich über das breite Band von Graffiti in vielerlei Sprachen und Schriften – fast jeder in Reichweite gelegene Zentimeter ist mit Gekritzel zugekleistert – und liest dann verwundert die Datumsangaben: 1873, 1871 etc. Ist respektloses Gekritzel, hässliches, nichtssagendes Graffiti weniger schlimm, wenn es 140 Jahre alt ist? Ist das nun

Missachtung eines geschichtlichen Monuments oder selbst schon Geschichte?

Rize: Ausflug nach *Ayder*, einem idyllisch gelegenen Bergdorf. Die Luft ist geschwängert vom schweren Duft der blühenden Kastanienbäume, Wolken hängen tief und verfangen sich in den steil aufsteigenden Mischwäldern, Kuhglocken bimmeln, Wasserfälle rauschen; man könnte sich fast im Schwarzwald oder der Schweiz wähnen, wären die Straßen besser, Wanderwege ausgeschildert, die Dörfer dichter und die Preise um das Vielfache höher.

Sarp: Grenzstädtchen zu Georgien. Das Schönste an dem Flecken, der ausschließlich aus billigen Bekleidungsgeschäften für georgische Grenzgänger zu bestehen scheint, sind die Schriftzüge in georgischer Sprache: eine Schrift, die wunderbar verschnörkelt aussieht und für unsere Augen wirkt, als wäre ihr Hauptbestandteil die Zahl 3, die gespiegelt und verziert, kombiniert und variiert wird.

Artvin: Am Berghang gelegen, in endlosen Serpentinen sich verlierende Bergstadt in atemberaubend schöner Umgebung. Schon die Anreise ist ein Erlebnis: Man verabschiedet sich in *Hopa* vom Schwarzen Meer, die Straße kriecht mühsam ins Gebirge und gibt immer wieder herrliche Blicke auf schneebedeckte Bergriesen einerseits und das Schwarze Meer andererseits frei. Eine wunderschöne, fast unberührte Berglandschaft, in der noch ganz traditionell und äußerst mühsam der wohl weltbeste Honig hergestellt wird: Hoch in den Baumwipfeln haben die Bergbauern abgesägte und ausgehöhlte Baumstämme angebracht, in denen die Bienen einen Honig herstellen, der offenbar Hunderte von Jahre nicht verdirbt. Abends blinken unzählige Glühwürmchen wie Lichter einer entfernten Stadt.

Bereits Anfang Juni war ich schon einmal in dieser Gegend, um eine Freundin und deren Familie zu besuchen und um zu wandern, und war völlig beeindruckt von dieser Fülle an Natur, vom Grün in allen Schattierungen und von der Unberührtheit dieser einzigartigen Landschaft. Es gibt hier 3600 Meter hohe Gipfel, die man nur mit Bergführer und bewaffnet (es gibt noch viele Bären) in Angriff nehmen sollte; glasklare Bergseen, steil am Berg liegende, kaum zu bewirtschaftende Teeplantagen, die sich wie Kissen an die Hänge schmiegen; milde, fruchtbare Täler, in denen Maulbeeren, Feigen, Quitten, Äpfel, ja sogar Oliven gedeihen.

Kars: Kars ist eine Stadt, die so gar nicht türkisch wirken möchte: Breite Straßen, ohne Mörtel errichtete Hauswände und viele Kirchen geben Zeugnis von der russischen Vergangenheit. Abends nach der Vorstellung stellt sich mir ein blonder Mann mit stahlblauen Augen auf Türkisch als Deutscher namens August vor. Als ich vorschlage, doch lieber Deutsch zu reden, gesteht er verlegen, dass er zwar deutscher Protestant sei – das steht sogar in seinem türkischen Personalausweis –, aber kein Wort Deutsch sprechen könne. Seine Vorfahren habe es Ende des 19. Jahrhunderts hierher verschlagen, als Kars vorübergehend zu Russland gehörte.

Man vergisst, dass man sich hier auf fast 2000 Metern Höhe befindet. Die Landschaft ringsherum wirkt so sanft, so gar nicht gebirgig: Eine baumlose Hochebene, nicht enden wollende Grasmatten und ein Meer nie gesehener Wiesenblumen, auf dem tausende Kühe und Pferde grasen; Nomadenzelte und einfachste Pferdefuhrwerke; Zeitlosigkeit und unendliche Ruhe – so ähnlich muss es wohl in Tibet oder Nepal sein!

Die Grenze zu Armenien ist nah und doch so fern: Es gibt keinen einzigen Grenzübergang zwischen der Türkei und Armenien, zu groß sind die politischen Gräben immer noch. Dabei befindet sich das heute auf türkischem Gebiet gelegene *Ani* ganz nah, dieses Zeugnis verschiedenartigster Kulturen und Religionen: eine 1000 Jahre alte, ausgegrabene Stadt an der Seidenstraße, die Kirchen, Moscheen, Karawansereien und Sultanspaläste gleichermaßen beherbergt, seldschukische, georgische, mongolische, saltukische und osmanische Herrscher gesehen hat. Man streift durch die Ruinen der einst prächtigen Handelsstraße mit antiken Imbissbuden und aus kalten Steinblöcken hergestellten Kühlschränken und meint, jeden Augenblick *Mevlana* oder seinen Gefährten *Schams-e Tabrizi* in langen Gewändern um die Ecke biegen zu sehen, diese großen Sufis[54], die bereits im 12./13. Jahrhundert für eine Versöhnung der Religionen, für Liebe und Gewaltfreiheit eingetreten sind. Man möchte ihnen – angesichts des breiten Grenzstreifens mit seinen dicht gesäten Aussichtstürmen, den vielen Bunkern und versteckten Panzereinheiten am Rand jeder Stadt und den wenig versöhnlich klingenden Armenien- und Kurden-Diskussionen meiner Freunde im Bus – so gerne wieder zuhören.

Iğdır: Ich sitze im – Gott sei Dank – klimatisierten Hotelzimmer an der Grenze zum Iran, zu Armenien und einem Staat, den ich erst mal googeln musste: *Nahçıwan.* Es gibt diese Republik tatsächlich, und sie liegt eingeklemmt zwischen Armenien, Iran und der Türkei, ist aber eigentlich eine aserbaidschanische Enklave. Von meinem Zimmer aus habe ich einen herrlichen Blick auf den Ararat, den höchsten Berg der Türkei, der sich stolz über der Ebene in 5165 Meter Höhe reckt und uns sein wolkenfreies Antlitz zeigt (dieses Glück hat man wohl nur ganze drei Tage im Jahr!).

Ich frage mich, wie sich wohl die Taube gefühlt haben mag, die Noah in dieser schwindelerregenden Höhe, über ewigem Eis und Schnee, auf die Reise geschickt hat. Dann, nach dem Zurückgehen des Wassers, soll Noah in diesem fruchtbaren, tief gele-

---

[54] Anhänger des Sufismus, einer asketisch-spirituellen Strömung im Islam

genen Tal – also praktisch gleich bei meinem Hotel (!) – wieder gesiedelt haben.

Hier in Iğdır, im äußersten Osten der Türkei, leben aserbaidschanische Schiiten, türkische Sunniten und armenische Christen friedlich miteinander zusammen (das gibt es also auch). Die gegenseitige Toleranz führt so weit, dass selbst der *ezan* (Gebetsruf) zweimal gesungen wird, einmal sunnitisch und einmal schiitisch, da die Gebetszeiten unterschiedlich sind.

Ein unvergessliches Erlebnis bleibt ein Live-Interview, das meine Sopran-Kollegin und ich einem lokalen Fernsehsender gegeben haben. Beide hatten wir uns gründlich vorbereitet, nochmals Programmheft, Partitur und Google befragt – schließlich führten wir in einer zu 60 % von Aserbaidschanern bewohnten Stadt eine aserbaidschanische Volksoper auf! Der Fernsehsender stellte sich als Familienbetrieb im sechsten Stock eines Gebäudes heraus, das weder Aufzug noch Renovierungsarbeiten je gesehen hat. Bei fast 40 Grad im Schatten ist man dann nach Erklimmen der Räumlichkeiten froh über eine Pause bei einem Glas Tee und frischen Wassermelonen. Wir nahmen im „Studio" Platz, das einem Moskauer Wohnzimmer glich, in dem seit den 70er Jahren nichts verändert wurde: Hinter uns ein verblichener Vorhang, der als Grundierung herhielt, vor uns ein alter, niedriger Holztisch, durchgesessene Sessel, auf die man sich nur mit langen Hosen setzen möchte, eine kleine Kamera auf einem Tchibo-Stativ, ein vorsintflutliches Mikrofon – das ist schon die komplette Ausrüstung. Ich frage den Reporter und Besitzer des Fernsehsenders vor der Aufnahme, auf welche Fragen wir uns einzustellen hätten, er faselt in einem auch meiner wackeren Mitkämpferin kaum verständlichen Dialekt etwas von türkisch-aserbaidschanischer Freundschaft, ökologischen Wassermelonen und der Fruchtbarkeit der Region. Während die ganze Familie ein- und ausgeht, der Ventilator einen ohrenbetäubenden Lärm macht, einer der ungezählten Söhne des Studiobesitzers den nicht enden wollenden Nachschub an Wassermelonen auf den Tisch stellt: kurzer Soundcheck … Doch bei der ersten Frage fällt zuerst der Sender, dann der komplette Strom aus. Wir sitzen im Dunkeln, schwitzen und unterhalten uns weiter über Wassermelonen. Ich bin zunächst froh über die Dunkelheit, weil man meine unterdrückten Lachanfälle und das darunter bebende Sofa nicht sehen kann, später dankbar für meinen Heuschnupfen, der als willkommene Ausrede für die Tränen in meinen Augen herhalten muss. Dennoch flüchte ich mich erst mal auf die Toilette, nachdem mich Zerrin, die ebenfalls von Lachkrämpfen durchschüttelte Sopranistin neben mir auf der Couch, gebeten hat: „Maestro, bitte! Ich kann nicht mehr!"

Ich komme zurück und – oh Wunder! –: Der Strom ist wieder da! Wir wollen gleich loslegen, der 13. Sohn, der die Kamera bedient, gibt das „Okay"-Zeichen, Frisuren werden nochmals geprüft, die letzten Lach-Tränen aus den Augen gewischt, volle Konzentration und ... das Handy des Moderators klingelt lautstark! Ob auch am Telefon von den herrlichen Melonen die Rede war, habe ich nicht mehr mitbekommen – ich war zu beschäftigt, meinen Heuschnupfen als Tarnung zu aktivieren! Dann erneuter Stromausfall, wieder Warten, Schwitzen, Melonen-Essen bei Kerzenschein. Diesmal ist der Schaden offensichtlich schneller behoben. Als wir endlich loslegen wollen, dieses Mal aber die Kamera aufgrund eines Wackelkontaktes des mit Tesafilm befestigten Kabels versagt, erwischt es Zerrin. Ich denke bei mir: 1:1 Ausgleich, verzichte aber, ihr den Weg zur Toilette zu zeigen, um sich dort auszulachen. Irgendwie haben wir es dann nach gefühlten zwei Kilo Wassermelonen doch noch geschafft. Das Interview war zwar eher eine Art Monolog unseres Melonenfreundes, der mit einer Frage an einen von uns begann, um dann in eine fünfminütige freie Rede in unverständlicher Mundart überzugehen und sich kurz vor dem Erstarren unseres wohlwollenden Lächelns doch wieder der Frage zu erinnern und uns endlich Platz für zwei Sätze zu geben. Dennoch: Sinnvoll war das Ganze offenbar, denn die Vorstellung am nächsten Tag war gut verkauft.

Van: Von Iğdır aus keucht unser Bus auf engen, staubigen Straßen die Ausläufer des Ararat hinauf. Der gewaltige Berg ist so nah und steht so einsam in der Landschaft, dass man fast meinen könnte, ihn an einem einzigen Tag erklimmen zu können. Wir gelangen auf die nächste, nun schon etwas unwirtlichere, karge Hochebene und erreichen bald die Ufer des riesigen Van-Sees. Dieses eher wie ein Meer wirkende, in 1700 Meter Höhe gelegene Gewässer ist derart salz- und mineralhaltig, dass es an manchen Stellen weiß wie aufgeschäumte Milch glänzt und sich offenbar kaum Leben in ihm befindet. Wenn man schwimmt, sollte man alle Atemwege sorgfältig geschlossen halten, weil man den ekeligen Mineralgeschmack über Stunden nicht mehr loswird. Am nächsten Tag: Boots-Ausflug auf die *Akdamar*-Insel mit der über tausend Jahre alten, meditativ auf dem Inselrücken ruhenden Kirche, die als die erste armenische Kirche und deshalb als wichtigster Wallfahrtsort der Armenier gilt.

Van selbst ist eine Stadt, in der man doch merkt, dass man allmählich in den schwierigeren Regionen der Türkei angekommen ist, in denen Terror fast schon zum Alltag gehört. Wir haben unser „Staatliche Oper und Ballett Samsun"-Schild vom Bus entfernt, weil staatliche Institutionen von der mehrheitlich kurdischen Bevölkerung offensichtlich als problematisch angesehen werden könnten. Vor dem Theater ist ein großes Polizeiaufgebot samt Panzer angerückt, und nach der Vorstellung werden wir von einem Polizeiauto eskortiert. Ich selbst fühle keine besondere Ablehnung der Bevölkerung, aber bestimmt auch deshalb, weil ich sofort als Ausländer erkannt werde. Das Unwohlsein, in das sich meine türkischen Kollegen hineinsteigern, kann ich vielleicht schon deshalb nicht ganz nachvollziehen; ich empfinde es als sehr übertrieben und wiederum stark durch Vorurteile gegenüber der kurdischen Bevölkerung geprägt. Eines scheint mir sicher: Solange meine Kollegen im Bus Beifall klatschen, weil sie einen von der Armee auf einem Berg in der Nähe der Stadt angebrachten „Ich bin glücklich, Türke zu sein"-Schriftzug sehen, solange die Bedienungen in den Restaurants in stolzem, trotzigem, provokativem Ton miteinander kurdisch reden, solange wir im Hotel nur mit gedämpften Stimmen reden können, als ich eine Diskussion über das Thema anzettele, solange es Leute gibt wie einen ansonsten sehr netten, friedfertigen, hilfsbereiten Kollegen, der ohne Vorwarnung folgende Bemerkung aus der Hüfte schießt: „Würde ich sechs Atombomben besitzen, ich würde sie allesamt über diesem von Kurden bewohnten Gebiet abwerfen, dann hätten wir endlich Ruhe!", solange andererseits weit tolerantere Kolleginnen auf der Straße Angst haben, weil sie als westliche Türkinnen erkannt werden, solange wird sich wohl an diesem Zustand nichts ändern, solange werden wohl weiter gefallene Soldaten in Samsun, Bafra und überall sonst in der Türkei mit großer Anteilnahme und patriotischem Pathos zu Grabe getragen werden.

Man wird sehen; vielleicht sollte man sich doch wieder der Zeiten erinnern, in denen all diese unterschiedlichen Völker tolerant und friedlich zusammengelebt haben, vielleicht sollte man *Mevlana* und *Schams-e Tabrizi* wieder mehr Gehör verschaffen.

Kapitel 14

Abgesang
Der Türke mit deutschem Migrationshintergrund
verlässt die (türkische) Bühne

Oktober 2009, windiges, aber immer noch mildes Wetter: Wir sind lange am Strand entlang gegangen, haben viel geredet, Argumente abgewogen. Den halben Tag haben wir damit verbracht, mit dem Intendanten und anderen Herren die Lage zu sondieren. Wir, das ist eine pensionierte Geigerin aus Deutschland, die ich dazu bewegen möchte, in unserem noch sehr jungen Orchester als Konzertmeisterin zu arbeiten, und ich, der ich Verantwortung fühle, weil ich spüre, dass solch eine Entscheidung für eine Frau, die auf die 70 zugeht, nicht eben einfach ist, und ich nicht möchte, dass meine Kollegin hier Gefahr läuft, unglücklich zu werden. Wir gehen hinaus auf den wackligen Steg, der an Sonntagen mit vielen Wochenend-Ausflüglern bevölkert ist und auf dem sonst nur ab und zu ein paar Angler stehen; heute haben wir ihn für uns allein. Wir wägen die Vor- und Nachteile ab: ein junges, motiviertes Orchester, Chor, Ensemble; der Reiz der Pionierarbeit, Oper und klassische Musik in eine

Gegend bringen zu helfen, die dies bisher weitestgehend nicht kannte. Andererseits die relativ schlechte Bezahlung, das oftmals enge Korsett, das uns die Vorgesetzten hier und in Ankara verpassen. Wir schauen hinaus aufs Meer, sehen plötzlich einen Schwarm Delfine auf uns zukommen, und meine Kollegin ruft: „Meine Entscheidung ist getroffen: Ich komme hierher!" Sie erklärt mir, dass ein Delfin ein untrügliches Zeichen für bevorstehendes Glück sei. Ich kenne ähnliche Symbolik aus dem Kaffeesatzlesen, wo ein Fisch auch immer *kismet*[55] bedeutet, widerspreche also meiner Kollegin nicht weiter und freue mich über ihre Entscheidung und über die Delfine, die geholfen haben, sie herbeizuführen.

Jahre später gehe ich wieder hier am Strand spazieren. Diesmal bin ich es, der über ein Angebot aus Deutschland nachdenkt, der hin- und hergerissen ist. Soll ich dies alles hier aufgeben? Das Meer, meine geliebte zweite Heimat, die Freunde, das umwerfend herzliche, dichte Netz sozialer Beziehungen? Andererseits hat sich viel geändert in den letzten Jahren. Der Druck aus Ankara wird immer größer, ich habe immer weniger das Gefühl, dass wir das machen können, was wir wollen. Wir werden gezwungen, „La Bohème" auf Türkisch aufzuführen, Produktionen aus anderen Opernhäusern zu übernehmen anstatt Eigenes zu produzieren; eine ge-

---

[55] Glück, Los, Schicksal

plante „Hänsel und Gretel"-Produktion wird vom Generalintendanten mit der Begründung abgesagt, Kinder könnten sich nicht länger als eine Stunde konzentrieren; Gerüchte verdichten sich, dass die AKP alle Opernhäuser und staatlichen Theater schließen möchte. Seit einiger Zeit lebe ich mit zwei Freunden in einer WG, weil ich mir wegen der schlechten Bezahlung eine eigene Wohnung nicht mehr leisten kann. Aber ich war doch auch so glücklich hier, habe diese Stadt und ihre Menschen geliebt, habe mich zuhause gefühlt!

Ich gehe also am Strand entlang und erblicke auf einmal einen toten Delfin. Er sieht noch fast lebendig aus, nur ein Auge ist von einer Möwe ausgestochen, und sein Körper liegt eigenartig aufgedunsen in der Sonne. Mir kommen die freudig über die Wellen des Schwarzen Meers springenden Delfine wieder in den Sinn, die vor etwas mehr als eineinhalb Jahren meiner Kollegin den entscheidenden Hinweis gaben, hierher zu ziehen. Soll dieser tote Delfin nun also auch ein Zeichen für mich sein?

Einige Monate später verlasse ich mit sehr gemischten Gefühlen diese Stadt Samsun und dieses Land, das mir in den letzten Jahren so sehr ans Herz gewachsen ist. Werde ich mich wieder eingewöhnen können in Deutschland oder mich für lange Zeit (vielleicht für immer) hin- und hergerissen fühlen zwischen Deutschland und der Türkei, zwischen zwei Kulturen und Lebensweisen, die doch oft sehr unterschiedlich sind? Man nennt hier die in Deutschland arbeitenden Türken „almancılar", was man mit „Deutschländer" übersetzen könnte. Blicke ich nun also in eine Zukunft als „Türkländer"? Werde ich mich in Deutschland nach der Türkei sehnen und andersherum wissen, dass ich in der Türkei auch nicht richtig glücklich werden kann? Eines ist sicher: Sollte mich das Heimweh nach türkischer Kultur und Sprache überkommen, so habe ich in Deutschland in wohl fast jeder Stadt die Möglichkeit, es bei einem Glas Tee oder türkischem Kaffee wenn nicht zu heilen, so doch mindestens zu teilen. Vielleicht ergibt sich auch die Chance, an einem kulturellen Austausch mitzuwirken; gerade in Opern- und Konzerthäusern in Deutschland sieht man doch immer noch erstaunlich wenige Zuhörer/Innen mit Migrationshintergrund! Vielleicht werde ich die Gelegenheit haben, auf diesem oder ähnlichen Wegen wenigstens einen Teil dessen zurückzugeben, was mir dieses Land und seine Menschen gegeben haben. Denn das prägt mein Abschiednehmen vor allem: ein tiefes, ehrliches Gefühl der Dankbarkeit!

CODA

Sommer 2013: Ich komme müde in Istanbul an, der *Havataş*-Bus hat mich durch viele neu entstandene oder bis zur Unkenntlichkeit modernisierte Stadtviertel von *Dolapdere* hinauf in Richtung meiner alten Heimat gefahren. Ich steige aus und beschließe, einen Blick auf „meinen" *Taksim* zu werfen, und mir steigen Tränen in die Augen: Eine riesige, öde, graue Betonwüste erstreckt sich vor mir bis hin zum *Atatürk Kültür Merkezi,* unserem ehemaligen Opernhaus, das jetzt seit über fünf Jahren verlassen und halbverfallen den Platz und dessen trauriges Schicksal überblickt und seit den *Gezi*-Park-Protesten als überdimensionale Polizeiwache dient. Wo sind die *simit*-(Sesamkringel-)Verkäufer, die Busse, das manchmal nervige, aber immer lebendige Gewimmel von Taxis, wo die Geschäfte, der Banjo-Spieler, der viele Jahre lang immer an derselben Stelle das immer gleiche Lied spielte? Es ist kalt, grau und traurig geworden hier, im Herzen Istanbuls. Ich blicke auf den *Gezi*-Park und bin von Herzen dankbar, dass wenigstens diese Oase geblieben ist und nicht dem Modernisierungswahn weichen musste, der Istanbul zu überrollen droht. Auf dem Weg nach Hause ins *Arif Paşa Apartmanı* überall Baustellen, neu entstehende Hochhäuser, Einkaufszentren, Parkhäuser, und es wimmelt von Polizei. Freunde erzählen mir, dass sie kaum noch ausgehen, denn sobald man zu zweit oder zu dritt in Richtung *Beyoğlu* geht, muss man mit Polizeikontrollen rechnen. Auf unserem ehemaligen Mitarbeiter-Parkplatz hinter der Oper stehen Wasserwerfer und Polizeipanzer zu Dutzenden in Bereitschaft, und im *Gezi-*Park sitzen fast ausschließlich Männer mittleren Alters in auffallend unauffälliger Freizeitkleidung. In *Talimhane,* dem Hotelviertel am *Taksim,* sieht man fast nur noch arabische Touristen mit ihren tief verschleierten Frauen, vor zahlreichen Geschäften blinken Leuchtreklamen in arabischer Schrift, und als ich ein Bier in einem *bakkal* (Kiosk) kaufen möchte, will der Besitzer mir in für türkische Verhältnisse wirklich unfreundlichem Ton klarmachen, dass Alkohol doch eine Sünde sei. Ich habe keine Lust darauf einzugehen und versichere ihm nur, dass ich als *gâvur* – als Ungläubiger – ja ohnehin einen Platz in der Hölle reserviert hätte.

Istanbul hat sich im gestreckten Galopp verändert. In *Beyoğlu* will die Regierung ein Verbot für Straßencafés durchsetzen, im Freien soll niemand mehr sitzen und erst recht keinen Alkohol trinken! Dieses

Gesetz wird zwar bisher ziemlich erfolgreich umgangen, indem an den Ecken vieler Gassen Wachen postiert werden, die pfeifen, sobald sich das Ordnungsamt nähert; dann werden schnell alle Tische und Bänke ins Innere der Kneipe verfrachtet, und man wartet dort, bis die Luft wieder rein ist. Aber das Ziel ist klar. Auch *Tarlabaşı*, der Teil von *Beyoğlu*, der in den letzten Jahrzehnten zwar etwas heruntergekommen ist, der aber mit seinen schönen, alten Häusern und seinen Einwanderern vor allem aus den armen Teilen Südostanatoliens einen ganz besonderen, „dörflichen" Charme entwickelt hat, soll nun zu weiten Teilen abgerissen werden und Bürogebäuden weichen.

Istanbul, Du schöne, alte Dame! Was hast Du nicht alles gesehen in all den Jahren und hast Dir doch stets Deine Eleganz, Deine Grazie bewahrt. Und nun haben sie dem *Taksim,* Deinem schönen, anmutigen Gesicht, eine Botox-Therapie verabreicht, weil sie meinten, Du solltest aussehen wie so viele andere, die Dir doch nie das Wasser reichen konnten: faltenfrei, modern, charakterlos, hässlich.

Die Türkei ist eine andere geworden in den letzten Jahren. Der Riss, der seit Langem durch die Gesellschaft geht, ist zu einem Graben geworden, und manchmal habe ich Angst, dass ein Funke überspringen und einen Flächenbrand auslösen könnte. Inzwischen sieht man Plakate in Istanbul mit dem

Konterfei Recep Tayyip Erdoğans, auf denen nicht mehr nur vom Ziel 2023, sondern bereits von 2053 (der 600. Jahrestag der Eroberung Istanbuls durch den osmanischen Sultan Mehmet Fatih) und 2071 (das tausendjährige Jubiläum der Einwanderung der Turkvölker in Anatolien) die Rede ist. Ist das nun Weitblick und Ehrgeiz oder einfach nur ungebremste Hybris? Die Regierung erklärt unverhohlen, eines der wichtigsten Ziele ihrer Politik sei die moralische Runderneuerung der Gesellschaft; sie greift vehement ein in Privates, rät jedem Ehepaar zu mindestens drei Kindern, verbietet Weinproben, Alkoholverkauf an Kiosken an unter 24-Jährige und allgemein ab zehn Uhr abends; Wohngemeinschaften zwischen unverheirateten Frauen und Männern sollen unterbunden, Kaiserschnitt-Geburten nur bei medizinischen Notfällen erlaubt werden ... man fragt sich, was als Nächstes kommt!

Bleibt zu wünschen, dass der Hoffnungsfunke, der durch die *Gezi*-Proteste aufkam, diese plötzlich aufbrechende, kreative Energie und Diskussionsfreude – nicht nur bei den direkt Beteiligten, sondern in *dolmuşen*, Taxis, beim Einkaufen, überall – sich wieder Bahn bricht und hilft, die Gräben zu überwinden, die dieses unglaublich schöne Land und seine wunderbaren Menschen seit vielen Jahren plagen.

Danksagung

Zuallererst möchte ich meinem Bruder Andreas Baisch danken, ohne dessen Hilfe dieses Buch wahrscheinlich nie zustande gekommen wäre. Sein gewissenhaftes Lektorat, seine guten Ratschläge und sein unerschütterlicher Glaube an dieses Buch waren von unschätzbarem Wert.

Großer Dank gebührt auch dem Team von Lektorhoch-drei für stets professionelles und freundliches Lektorieren, Buchgestaltung und kundige Beratung.

Mein Freund Orhan Eser hat mir mit vielen hilfreichen Informationen zur Geschichte Istanbuls geholfen, einen immer neuen, wachen Blick auf diese Stadt und ihre Entwicklung zu bekommen.

Başar Karaca hat mir auf den letzten Metern noch mit hilfreichen Korrekturen und Tipps geholfen, wofür ich sehr dankbar bin.

Ich möchte auch all meinen Freunden in der Türkei herzlich danken, allen voran natürlich Demet, aber auch vielen hier nicht namentlich Erwähnten.

Mein besonderer Dank gilt meiner lieben Frau Anna für all die Geduld in den letzten Jahren.

Der Autor

Markus Baisch, Jahrgang 1969, geboren in Stuttgart, ist Berufsmusiker und lebt seit August 2016 in Wuppertal. Neben seiner Arbeit als Chordirektor mit Dirigierverpflichtung an den Wuppertaler Bühnen engagiert er sich u. a. in dem Verein „Musiker ohne Grenzen" und verbringt seit 2007 jeden Sommer einige Wochen im westafrikanischen Ghana, um dort mit einheimischen Musikern zu arbeiten und Kinder- und Jugendorchester aufzubauen.

„Maestro ... das hier ist die Türkei!" ist sein Autorendebut – eine humorvolle, lebensbejahende Liebeserklärung an einen Kulturkreis, in dem vieles genauso zugeht wie hierzulande und manches auch ein bisschen anders.

Dein Buch in deiner Hand!

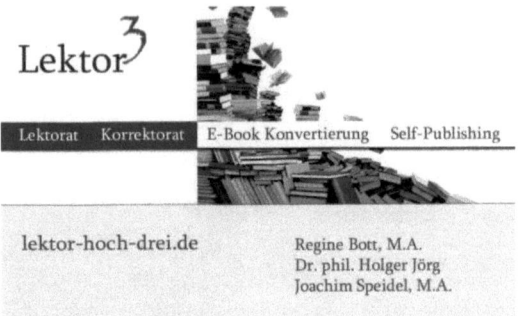

Lektor-hoch-drei
Dein Partner rund um dein Manuskript!

info@lektor-hoch-drei.de
oder
lektorhochdrei@gmail.com
www.lektor-hoch-drei.de